Ulrike Kreuer

Gartengestaltung
für Menschen mit Demenz

Ulrike Kreuer

Gartengestaltung für Menschen mit Demenz

Ein Praxisbuch für den Alltag

Haupt Verlag

Inhaltsverzeichnis

Gestaltungsgrundsätze für Gärten für Menschen mit Demenz

Erste Projektwoche

Zweite Projektwoche

Dritte Projektwoche

Hintergrundwissen

Praxistipps

Vorwort

Ein Garten ist ein Schutzraum. Schon die Bezeichnung «Garten» verspricht Schutz. Sie ist aus dem indogermanischen *ghortos* hergeleitet, was so viel heißt wie «umfasster Raum». Das alte persische Wort *pairidaeza* versteht als Paradies einen «schönen eingezäunten Garten». In der Bibel wird der Garten Eden als abgegrenzt von der wilden Natur, als eigenständiger heiliger Bezirk beschrieben. Ein Garten schafft eine Grenze zum «wilden Außen».

Ein Garten gibt uns Orientierung. Mit altbekannten Blumen und Kräutern wirft er Anker aus, die wir wiedererkennen, die uns die Richtung weisen. Beispielsweise können wir uns im Jahresverlauf nach dem Blütezeitpunkt vieler Sträucher und Blumen richten: «Blühen die Pfingstrosen, ist der Sommer nicht mehr weit.» In einem Garten gehen wir niemals verloren. Alte Gartenformen lassen Lebenserinnerungen aufleben. Der Bauerngarten beispielsweise ist ein jahrhundertealtes Kulturgut und erzählt seine Geschichte, so wie jeder hier heimische Baum. Wie viele Menschen haben früher wohl schon unter einer Linde getanzt?

Ein Garten spielt mit den Sinnen. Die Vielfalt der Düfte ruft Erinnerungen wach. Wer hat nicht einen bestimmten Duft in der Nase, der ihn an die Kindheit erinnert? Pflanzen tragen dieses sinnliche Erleben. Sie sind Vermittler zwischen Mensch und Natur. Das Erinnerungsvermögen ist besonders eng mit Duftpflanzen verbunden. Düfte werden gemeinsam mit Erinnerungen gespeichert und diese an Gefühle gekoppelt. So ruft beispielsweise der Duft von Tannengrün oder Zimt genau die Gefühle hervor, die mit Erinnerungen an die Weihnachtszeit verbunden sind.

Ein Garten lädt zur Berührung ein. Die Haut als größtes Sinnesorgan genießt dort eine wahre Flut an Kontakten, sei es mit der Erde oder der Borke einer 100-jährigen Eiche. Alles im Garten will angefasst, ergriffen und ertastet werden. Millionen Tastkörperchen senden dem Gehirn dann unentwegt Informationen. Fühlt sich etwas hart oder weich an, feucht oder trocken? Ein Garten fordert uns auf, ihn zu «be-greifen».

Ein Garten stiftet Beziehungen. Menschen leben in Beziehung und Begegnung mit der Natur, der Grundlage allen Lebens. Im Garten trifft der Mensch auf ein vernetztes System von Menschen, Tieren und Pflanzen, von Klima, Wasser und Boden. Innerhalb dieses Systems verbindet der Garten den Menschen mit dem natürlichen Kreislauf von Werden und Vergehen.

Einen Garten zu beackern, macht stark. Gartenarbeit ist erlebte und erlernte Kompetenz, Heimat unmittelbarer und längerfristiger Erfolge. All diese Erfahrungen kommen nicht nur der einzelnen Person zugute, sondern auch der Gruppe, in der sie Interaktionen fördern.

Ein Garten ist ein wahres Übungsfeld für das Leben.

Einleitung

Ein optimal gestalteter Garten bietet zu jeder Jahreszeit Strukturen und Räume, in denen Besucherinnen und Besucher zu Handelnden werden. Denn Handlungen entstehen aus Bedürfnissen, auch bei Menschen mit Demenz. Das ist meine Erkenntnis aus zahlreichen Projekten für Seniorenhäuser, in denen Menschen mit Demenz leben.

In diesem Buch beschreibe ich drei Wochen eines Gartenprojektes in einem Altenheim, nennen wir es St. Elisabeth. Es handelt sich um einen fiktiven Ort, aber die Geschichten sind wahr. Geschichten von zwölf Seniorinnen und Senioren, mit denen ich in den vergangenen fünfzehn Jahren in verschiedenen Pflegeeinrichtungen Seite an Seite im Garten gearbeitet habe. In St. Elisabeth verdichten sich diese mal anrührenden, mal heiteren Begegnungen zu der Erkenntnis: Das Herz wird nicht dement!

Wie muss ein Garten für Menschen mit Demenz aussehen? Ich habe dazu ein Planungs- und Gestaltungskonzept entwickelt, das die Bedürfnisse und Fähigkeiten der Menschen in den Mittelpunkt stellt. Die handfesten Praxistipps haben sich im Laufe der Jahre bewährt, nicht nur in Senioreneinrichtungen, sondern auch in privaten Gärten.

Zusätzlich kann im zweiten Teil des Buches das Wissen über die Gestaltung eines Gartens und seine gesundheitsfördernde Wirkung weiter vertieft werden. Für Angehörige, Pflegende und die Fachwelt ist mein Buch ein wertvoller Begleiter für den Alltag mit Demenz.

Gestaltungsgrundsätze für Gärten für Menschen mit Demenz

Die Grundsätze der Gestaltung von Gärten für Menschen mit Demenz verfolgen im Wesentlichen das Ziel, Aktivität und Teilhabe zu ermöglichen. Gesundheit, insbesondere psychische Gesundheit, steht in engem Zusammenhang mit der Fähigkeit, sich selbst in unterschiedlichen Systemen als selbstbestimmt handelnde Person zu erleben, deren Handeln auch Auswirkungen hat.

Aktivität und Teilhabe

Der Garten soll einen Ort darstellen, in dem Menschen mit Demenz die Möglichkeiten haben zu handeln. Sie sollen Pflanzen und Situationen vorfinden, die zur Aktivität einladen und Erfolge guter Pflege und Handhabung direkt wahrnehmbar machen. Ein Garten ermöglicht nicht nur das Erlebnis wirksamen Handelns und gärtnerischen Tuns, sondern lädt auch dazu ein, an alte Fähigkeiten und Erfahrungen anzuknüpfen, ohne selbst aktiv zu werden. Im Garten können und sollen alle ihre Ideen, Anregungen und Meinungen einbringen und so das alltägliche Geschehen mitgestalten.

Auf der Ebene der Teilhabe soll der Garten ein breites Spektrum an Kommunikations- und Handlungsimpulsen liefern, denn beides sind Voraussetzungen für soziale Kontakte. Es müssen zum Beispiel Absprachen getroffen werden, wie die Gemüsebeete bepflanzt werden oder wer die Blumen gießt. Gemeinsames Tun erfordert und trainiert unter anderem Respekt, Anerkennung, Toleranz und Kritik. Der Garten ist ein altvertrautes Medium und ein Übungsfeld für ein alltägliches Miteinander. Den Garten zu besuchen oder aktiv zu nutzen, soll ein fester Bestandteil der Alltagsgestaltung sein und im Garten Erlebtes und Gelebtes soll wiederum auf die Alltagssituation übertragen werden können.

Strukturierter Tagesablauf und natürlicher Rhythmus

Weiterhin soll der Garten zu jeder Jahreszeit einen strukturierten Tagesablauf fördern und unterstützen. Durch das Erleben des Wechsels der Jahreszeiten sollen alle Beteiligten die Möglichkeit haben, den natürlichen Rhythmus der Natur hautnah zu erfahren, um den eigenen Rhythmus zu stärken und zu unterstützen.

Barrierefrei und sicher

Grundsätze der Gestaltung sind Barrierefreiheit und ein Höchstmaß an Sicherheit. Durch eine entsprechende Wegeführung soll der Garten Raum für Selbstständigkeit bieten und Möglichkeiten schaffen, sich barrierefrei bewegen zu können. Gleichzeitig sollen typische Gestaltungselemente der Region als wichtiger Bestandteil von Identifikation mit Heimat und Zuhause in ihrer Eigenschaft wahrnehmbar bleiben. Innerhalb dieses sicheren Systems soll der Garten Orientierungsfähigkeiten stärken, zur Berührung einladen und sinnliches Erleben fördern. Er wird eine Fülle an vielfältigen, nie überfordernden Sinnesanregungen bieten, die eine Steigerung der Lebensqualität bedeuten. Der Garten soll zu spontaner Aktivität anstiften und ebenso zu Ruhe und Rückzug einladen.

Praxistipp: Geruchstraining

Ein Training des Geruchssinns sollte regelmäßig über einen Zeitraum von mindestens einem Monat durchgeführt werden. Besser ist eine Trainingszeit von vier Monaten, da die Bildung neuer Riechsinneszellen ein bis vier Monate dauert. Geschnüffelt wird an ätherischen Ölen, die sekundäre Pflanzenstoffe enthalten, die als Signalstoffe dienen und in ihren molekularen Bestandteilen dem Acetylcholin im menschlichen Hirn sehr ähnlich sind. Regelmäßiges Riechtraining mit ätherischen Ölen kann einen Acetylcholin-Mangel, der bei Menschen mit Demenz auftritt, ausgleichen.

Der Trainingsplan könnte folgendermaßen aussehen: Auf der Grundlage der Duftvorliebe der jeweiligen Trainingsperson wählen Sie je einen Duft aus den Duftgruppen fruchtig, blumig, würzig und harzig. Geben Sie ein paar wenige Tropfen vom jeweiligen Duft, einem hochwertigen bio-zertifizierten ätherischen Öl, auf einen Wattebausch und verschließen diesen in einer kleinen Dose oder einem Glas. Beschriften nicht vergessen. Bieten Sie die Düfte regelmäßig morgens und abends zum Riechen an. Dabei die Dosen mit der Watte unter die Nase der zu trainierenden Person halten oder den Duft leicht in Richtung Nase fächern. Lässt die Duftwirkung nach einiger Zeit nach, träufeln Sie etwas Öl nach. Lassen Sie die vier ausgewählten Düfte abwechselnd schnüffeln. Idealerweise ermöglichen Sie zusätzliches sinnliches Erleben beispielsweise durch Blüten, Zweige oder Früchte der jeweiligen Duftpflanze.

Riechtraining mit Duftpflanzen

Beispiele für ätherische Öle zu den vier Duftgruppen:

Fruchtig: Zitrone (*Citrus × limon*), Orange (*Citrus* × sinensis)

Würzig: Pfefferminze (*Mentha × piperita*), Zimtblätter *(Cinnamomum zeylanicum)*

Blumig: Damaszener-Rose (*Rosa × damascena*), Maiglöckchen *(Convallaria majalis)*

Harzig: Gewürznelke *(Syzygium aromaticum)*, Weihrauch *(Boswellia carterii)*

Erste Projektwoche

Der alte Herr, der auf der Straße steht

«Hast du das auch gerade gerochen? Diesen satten Duft nach Frühling?» Michael riecht nichts, er schläft. Ich sitze hinterm Steuer meines Pritschenbusses und fahre dem beginnenden Tag entgegen. Es regnet und durch das geöffnete Fenster strömt der Geruch feuchter Erde herein. Ich fühle mich in meine Kindheit zurückversetzt, erinnere mich an die unbändige Lebensfreude und grenzenlose Neugier. Daran, wie wir an den Stämmen der alten Bäume schnüffelten, und an den Duft der ersten Wäsche, die weiß auf bunten Leinen flatterte. Wenn ich abends müde im Bett lag, konnte ich den Duft des Frühlings noch immer auf meiner Haut schnuppern.

«Hast du das auch gerade gerochen? Diesen satten Duft nach Frühling?»

Gerade noch rechtzeitig erkenne ich einen alten Mann vor mir auf der Straße. Ich trete hart auf die Bremse. Der Herr winkt mir aufgeregt zu. Eigentlich winkt er nicht, er gibt Handzeichen, als ob er uns die richtige Parkposition zuweisen möchte. «Endstation, Seniorenheim St. Elisabeth», sagt Michael und grinst müde. Erst viel später werde ich erfahren, was hinter den Handzeichen des alten Mannes steckt. Ein junger Mann erscheint. Er dirigiert den Herrn behutsam, aber bestimmt von der Straße. Sie kommen zusammen zum Bus und reichen uns zur Begrüßung durch das offene Seitenfenster die Hand. «Willkommen in St. Elisabeth», begrüßt uns der Alte feierlich und folgt mit dem Blick seinem ausgestreckten Arm: Dort liegt das Altenheim. Ein typischer Neubau des 21. Jahrhunderts mit großen, bodentiefen Fenstern, die dem L-förmigen Baukörper die Masse nehmen sollen. Das moderne Haus ist weiß verputzt und teils mit dunklem Klinker farblich abgesetzt. Die Freifläche rundherum ist größtenteils unberührt, an manchen Stellen sind Mutterboden oder eine graue Schotterschicht sichtbar. Die wichtigsten Wege sind bereits angelegt, hier und da schaut ein alter Zementsack aus dem Erdreich.

Duft- und Aromapflanzen: Zitronenverbene

Leere Holzpaletten stapeln sich an der Straße. Der Bau ist gerade erst fertig geworden. Rechts und links ragen Parkplätze in grauem Beton aus einem

Praxistipp: Abmessungen von barrierefreien Wegen

In Gartenanlagen von Senioreneinrichtungen sind beim Bau von Wegen bestimmte Abmessungen einzuhalten, um für alle Gartenbesucherinnen und -besucher eine uneingeschränkte Nutzung zu gewährleisten. Zwar sollte für eine lebendige Wegeführung zwischen breiten und engen Wegen abgewechselt werden, dabei sollte jedoch eine Breite von 120 Zentimeter nicht unterschritten werden. Grundsätzlich wird zwischen Platzbedarf und Bewegungsflächen unterschieden (DIN 18040-1). Die Planung muss von den Personen ausgehen, die in der jeweiligen Situation den größten Platzbedarf haben. Rollstühle haben einen Wendekreis von mindestens 150 Zentimeter. Personen mit Gehhilfen wie Armstützen müssen zum Wenden zumindest 90 × 70 Zentimeter Platz zur Verfügung stehen, solchen mit Rollator über 80 × 100 Zentimeter. Begegnen sich auf einer Wegstrecke zwei Rollstühle, sind Begegnungsflächen von mindestens 180 × 180 Zentimeter erforderlich, und das in maximal 15 Meter Abstand.

Wegeführung aus Betonpflaster; Fugenbild des Wegs in Laufrichtung

Die Bewegungsflächen dürfen nicht durch Bauteile wie Bänke oder Blumenkübel eingeengt werden. Für Bänke sollten Bereiche geschaffen werden, die außerhalb des Bewegungsflusses liegen.

In einem Hausgarten werden die Wegbreiten der individuellen Situation angepasst.

Praxistipp: Wegebaumaterial für barrierefreie Wege

Für die Barrierefreiheit der Wege ist das Oberflächenmaterial ebenso wichtig wie ihre Breite und ihre Stufenlosigkeit. Als Material kommen Betonpflastersteine, Betongehwegplatten, großformatige Natursteinplatten, wassergebundene Deckschichten und gegebenenfalls Asphalt in Betracht. Diese Materialien verfügen über eine gute Griffigkeit, sind bei jeder Witterung rutschhemmend (Rutschfestigkeit R11) und taktil erkennbar. Zudem ist es wichtig, dass die Beläge erschütterungsfrei sind. Für Rollstuhlfahrerinnen und -fahrer mit chronischen Schmerzen können beispielsweise schon geringste Erschütterungen so schmerzhaft sein, dass der Aufenthalt im Freien gemieden wird. Erschütterungen entstehen durch Unebenheiten oder Aufwerfungen im Bodenbelag etwa durch unsachgemäßes Verlegen, Wurzeldruck oder Fugen von mehr als zwei Zentimeter Breite. Die Ränder der Wege und Plätze müssen durch einen optischen und tastbaren Belagswechsel erfahrbar sein. Nur so können Menschen mit einer Sehbehinderung oder Orientierungsschwierigkeiten den Garten selbstständig und uneingeschränkt nutzen.

Schotterbett. Obwohl die Pflasterflächen noch dick mit Sand bedeckt sind, der darauf wartet, in die Fugen zu rieseln, sind fast alle Plätze belegt. Wir parken unseren Bus und schauen uns auf dem Gelände hinter dem Gebäude um. Hier wird in den nächsten drei Wochen der Garten entstehen.

Frau Bölter, die Leiterin des Altenheims, hat uns schon entdeckt und kommt uns über den sandigen Pflasterweg entgegen. Sie sieht blass aus und die dunklen Ringe unter den Augen lassen sie müde erscheinen. Sie strahlt aber übers ganze Gesicht. Kein Wunder, denn sie hat gemeinsam mit ihrem Team die zweijährige Bauzeit von St. Elisabeth und einen Umzug von 72 Seniorinnen und Senioren gemeistert. Das alte St. Elisabeth wurde abgerissen, ein Bau aus den 1960er-Jahren mit viel Charme, aber zu wenig Platz.

«Die Bewohner wollen raus und den Frühling genießen.»

Die Einzelzimmervorgabe konnte das alte Haus nicht erfüllen. Das neue St. Elisabeth hat viel Platz und wenig Charme. Den muss es sich noch erarbeiten.

«Ich freue mich sehr, dass Sie da sind. Hatten Sie eine gute Anreise? Ist ja schon eine weite Strecke bis hierher, das Wetter ist so schön und die Bewohner wollen raus und den Frühling genießen.» Frau Bölter ist voller Tatendrang. Sie schiebt uns fröhlich plaudernd in ihr kleines Büro. Während wir bei offener Tür die Vorgehensweise unseres Gartenprojekts besprechen, inspiziert mein Hund Emma die übrigen Räume des Verwaltungstrakts. Im Büro nebenan findet sie Frau Mühlstein, eine Dame Anfang 60 mit großen dunklen Augen, die über roten Wangen in die Welt hinausblicken. Da Emma mit ihren Kulleraugen ebenso gutmütig die Welt betrachtet, werden sie sofort Freundinnen. Und als Zeichen ihrer Freundschaft teilen sie sich Frau Mühlsteins Pausenbrot.

Praxistipp: Gestalten mit Duftpflanzen – Grundlagen

Duftpflanzen duften umso mehr, je weniger Luftbewegung herrscht, denn an windigen Stellen verfliegt der Duft zu schnell und kann sich nicht richtig entfalten.

Daraus ergibt sich:

- Auf die Hauptwindrichtung achten, damit der Wind den Duft in den Garten trägt.
- Vertiefte Gartenplätze wie zum Beispiel ein Senkgarten speichern die Wärme und sind windgeschützt. Ein Senkgarten ermöglicht auch bettlägerigen Menschen einen Duftgenuss, denn er bietet den Duft auf Nasenhöhe.
- Erhöhte Pflanzflächen für niedrige Duftpflanzen lassen auch Menschen im Rollstuhl oder Bett auf Nasenhöhe schnüffeln.
- Mauern und Wälle halten den Duft und speichern die Wärme.
- Nicht zu viele verschiedene Düfte auf engen Raum pflanzen, die erforderlichen Pflanzabstände und die Wuchshöhen berücksichtigen.
- Aromapflanzen an den Eingängen zum Garten pflanzen, an Terrassen oder am Wegesrand, im Vorbeigehen zufällig berührt begleitet ihr Duft den weiteren Weg.

Praxistipp: Duftende Blüten im Jahresverlauf

Für Menschen, deren kognitive Fähigkeiten nachlassen, ist sinnliches Erleben oftmals der einzige Schlüssel, sich jahreszeitlich zu orientieren. Düfte sind in Eis und Schnee ebenso intensiv wie in der schwülen Sommerhitze und jede Jahreszeit duftet anders. Düfte, Farben und Formen der Blüten altbekannter Pflanzen bieten eine zuverlässige Orientierung im Jahresverlauf.

Duftende Frühlingsblumen: Dichter-Narzisse

Duftende Frühlingsblumen

Wenn der Frühling naht, dann kann man es riechen! «Ein Tag ohne Veilchenduft ist ein verlorener Tag», meinte schon Paracelsus. Das Duftveilchen *(Viola odorata)* blüht von März bis Mai, ist sehr ausbreitungsfreudig und bildet schnell größere Bestände im Garten. Mit Sorten wie 'Königin Charlotte', 'Alba', 'Baronne Alice de Rothschild', 'Sulphurea', 'Coeur d'Alsace' oder 'Lydia Groves' steht ein Farbspektrum von blau über rosa, weiß und gelb bis rot zur Verfügung. Weitere attraktive Frühlingsdufter sind zum Beispiel die Etagenprimel *(Primula bulleyana)* oder das Alpenaurikel *(Primula auricula)*. Die Dichter-Narzisse *(Narcissus poeticus)* gehört zu den duftstärksten Vertretern der Gattung, besonders wenn sie an einem südlichen Standort als Narzissenwiese gepflanzt wird. Wahre Duftwunder bewirken auch ihre kleinere Kollegin, die Schmalblättrige Narzisse *(Narcissus angustifolius)*, und das Hasenglöckchen *(Hyacinthoides non-scripta)*, das ganze Wiesen bilden kann. Auf den Duft des Maiglöckchens *(Convallaria majalis)* sollte verzichtet werden, denn die Pflanze ist sehr giftig.

Frühe Sommerdüfte

Blüht die Pfingstrose *Paeonia lactiflora*, ist der Sommer nicht mehr weit. Als Beispiele für duftende Sorten seien 'Baroness Schroeder' und 'Festiva Maxima' mit weißen Blüten oder die rosa blühenden Sorten 'Noemie Demay', 'Therese' genannt. Auch die Taglilien *Hemerocallis* 'Ice Carnival' mit weißen Blüten (Blütezeit Juli bis August) und die kleinere *Hemerocallis* 'Snow Elf' mit rahmweißen Blüten (Blütezeit Juni bis August) bieten sich zur Pflanzung an. Zu besonderen Dufterlebnissen im frühen Sommer verhelfen die duftenden Clematis-Wildarten. Die kleinen weißen Blüten der Berg-Waldrebe (*Clematis montana* 'Wilsonii'), die im Juni und Juli blüht, duften zum Beispiel nach Schokolade.

Frühe Sommerdüfte: Pfingstrose

Eine nuancenreiche Duftskala bieten auch die Blüten verschiedener Iris, auch Schwertlilien genannt, wie beispielsweise der Bleichen Schwertlilie *(Iris pallida)*. Diese hohe, prächtige, eher kleinblütige Iris hat lavendel- bis himmelblaue Blüten, die fruchtig-würzig duften. Sie ist äußerst vital, blüht reich und verträgt besonders gut Hitze und Trockenheit. Eine typische Bauerngartenstaude und unentbehrliche Duftstaude des Sommers ist der Phlox. Die Auswahl ist groß, doch mit dem Sommerphlox *(Phlox paniculata)* sollte jeder Duftsommer beginnen.

Düfte im Herbst

Im Herbst duftet der Kuchenbaum *(Cerdiphyllum japonicum)*. Der deutsche Name rührt von dem Geruch des Laubs vor und nach dem Fallen im Herbst her. Insbesondere bei feuchtem Wetter riechen die Blätter nach frischem Gebäck, Karamell oder Lebkuchen. Der Geruch verliert sich allerdings beim Trocknen. Auch das Laub der Bartblume (*Caryopteris × clandonensis*) duftet. Den bis zu einem Meter hohen Halbstrauch mit graugrünen aromatischen Blättern und tiefblauen Blüten, die sich vom Spätsommer bis in den Herbst hinein zeigen, gibt es zum Beispiel in den Sorten 'Blauer Spatz', 'Blue Balloon' und 'Kew Blue'.

Blütendüfte im Winter

Der wohl bekannteste Winterduftblüher ist die Chinesische Zaubernuss *(Hamamelis mollis)*, die mit leuchtend gelben Blüten ab Januar bis in den März hinein blüht. Bei den Krokussen *(Crocus)* ist der Duft der gelb blühenden dem der andersfarbigen Vertreter weitaus überlegen.

Praxistipp: Wirkung von Pflanzendüften

Aromapflanzen entfalten ihre Düfte unter anderem, um Fraßfeinde oder Krankheiten fernzuhalten. Die ätherischen Öle in ihren Blättern, Stängeln, Wurzeln, Früchten und Rinden sind so kraftvoll, dass sie sich damit schützen und mitunter auch wachstumshemmend auf umliegende Pflanzen einwirken können. Kein Wunder, dass Pflanzendüfte auch auf uns eine Wirkung haben, allerdings eine meist positive. Die beruhigende Wirkung von Lavendel *(Lavandula)* ist vielen bekannt. Er wirkt nicht nur schlaffördernd, sondern auch ausgleichend und beruhigend. Eine Aromatherapie oder Aromapflege mit Lavendelöl kann bis zu einem gewissen Grad agitiertes Verhalten bei Menschen mit Demenz verringern. Der Duft von Rosmarin *(Rosmarinus officinalis)* hat eine belebende Wirkung und kann die Aufmerksamkeitsfähigkeit und das Langzeitgedächtnis verbessern. Auch Pfefferminze (*Mentha × piperita*) weckt die Lebensgeister und stärkt, genauso wie der Duft von Zitrone (*Citrus × limon*), bei emotionalem Stress. Rosmarinduft hilft bei Erschöpfung genauso, wie es Wacholder *(Juniperus)*, Bohnenkraut *(Satureja)*, Salbei *(Salvia)* oder Basilikum *(Ocimum basilicum)* vermögen. Bei allzu viel Pessimismus kann der Duft von Orange (*Citrus × sinensis*) oder Majoran *(Origanum majorana)* aufheitern. Orange und Grapefruit (*Citrus × paradisi*) sind unterstützende Düfte in einem Trauerprozess. Melisse *(Melissa officinalis)* kann Ärger besänftigen und hilft gegen Antriebsmangel. Und bei Mutlosigkeit kann der Duft von Thymian *(Thymus)*, Wachholder oder Grapefruit helfen.

Für dem Alltag kann das frische oder getrocknete Kraut als Duftquelle herangezogen werden. Der Duft von Blättern oder Stängeln ist bei Weitem nicht so intensiv wie der des Öls, die Verwendung der Pflanzenteile hat einen positiven Nebeneffekt: Sie ermöglicht aktives Handeln. Die Pflanzen werden gemeinsam geerntet, gebündelt, zum Trocknen an einem schattigen Platz aufgehängt, nach dem Trocknen zerrieben und in Gläschen oder Dosen gefüllt, in kleine Kissen eingefüllt oder direkt als Tee getrunken. Und jeder einzelne Schritt beinhaltet ein Dufterlebnis. Schon daraus ist zu ersehen, wie wichtig der Kräutergarten für Menschen mit Demenz ist.

Hinweis: Zitronenduft können Sie sich übrigens mit Zitronenverbene *(Alosya citrodora)* oder Australischem Zitronenblatt (*Plectranthus species* 'Mount Carbine') in den Garten holen. Die Anwendung von ätherischen Ölen zur Behandlung von psychischen oder physischen Beschwerden sollte ausgebildeten Aromatherapeutinnen und -therapeuten überlassen werden (Ausnahme: Geruchstraining – siehe Praxistipp auf Seite 12).

Gestalten mit Duftpflanzen:
Purpur-Schnittlauch

Praxistipp: Tiere im Garten

Haustiere sind in Alten- und Pflegeheimen immer willkommene Gäste. Tiere wecken Erinnerungen und können Herzen öffnen, sie lassen sich streicheln, bekuscheln und füttern. Tiere sind gute Spielkameraden und treue Begleiter. Mittlerweile gibt es ausgebildete Therapie- und Besuchshunde. In manche Häuser können Seniorinnen und Senioren ihre Haustiere mitnehmen, in anderen Häusern entdecken sie neue Tierfreundschaften wie beispielsweise durch den Besuch von Alpakas oder Eseln. Viele alte Menschen hatten früher Hühner zur Eigenversorgung und ich freue mich, dass es immer mehr Altenheime gibt, die Hühner in ihren Gärten halten. Eine artgerechte Haltung natürlich zwingend vorausgesetzt. Hühnergackern in einem Bauerngarten ist eine nahezu perfekte Erinnerungshilfe. Hühner picken unentwegt den ganzen Tag, mit Blick zum nächsten Korn oder Wurm. Sie lassen sich wunderbar dabei beobachten, füttern und sogar streicheln, dazu wirkt ihr Gackern äußerst beruhigend.

Hühnerhaltung ist mit Know-how und Verantwortung verbunden. Zum Einstieg oder zur Probe können die Hühner erst einmal gemietet werden. Sogenannte Miethühner – die Anbieter aus Ihrer Region finden Sie im Internet – ziehen samt Stall und Futter für ein paar Tage in den Seniorenheimgarten. Alle Beteiligten können während dieser Zeit prüfen, ob Hühnerhaltung dauerhaft möglich ist. Hilfreich und unterstützend ist sicherlich eine Kooperation mit einem ortsansässigen Geflügelzuchtverein. Für ausreichende Hygiene im und um den Stall ist zu sorgen und die Bewohnerinnen und Bewohner sowie die Besucherinnen und Besucher müssen die Möglichkeit haben, sich die Hände in der Nähe der Hühner direkt zu waschen oder zu desinfizieren.

Emma und Yoshi im Einsatz

Praxistipp: Geräusche des Gartens

Das Hören ist willentlich nicht steuerbar. Wir müssen uns die Ohren zuhalten, wenn wir etwas nicht hören wollen. Umso sensibler muss ein Umfeld gestaltet sein für Menschen, die sich Geräuschen nicht verschließen können. Es gilt, dass in einem Garten für Menschen mit Demenz die akustischen Reize nicht überfordern dürfen. Das leise Plätschern eines Bachlaufs etwas abseits an einem verwunschen anmutenden Sitzplatz hat eine beruhigende Wirkung, hingegen kann ein ständig klingendes Windspiel neben einer Terrasse mitunter störend sein. Die natürlichen Geräusche eines Gartens können bei Menschen mit Demenz die auditive Wahrnehmung unterstützen und sogar fördern, denn Geräusche werden nicht nur aufgenommen, sondern auch verarbeitet. Aus welcher Richtung kommt das Geräusch? Wer oder was verursacht die Töne? Welche Erinnerungen sind damit verbunden? Auditive Wahrnehmung schulen heißt auch, sich gemeinsam den Geräuschen des Gartens hingeben, denn sinnliche Wahrnehmung geschieht ohne unser willentliches Zutun. In einem Garten kann auch das akustische Zuhause wiedergefunden werden, Pflanzen können eine vertraute Geräuschkulisse bieten, genauso wie Gartenarbeit vertraute Töne produziert. Gemeint ist nicht der Krach eines Motorrasenmähers, sondern eher das satte Geräusch von Erde beim Umgraben oder das leise Rattern eines handbetriebenen Spindelrasenmähers.

Pflanzenbeispiele: Die kleinen herzförmigen Ähren des Herz-Zittergrases *(Briza media)*, auch Mittleres Zittergras genannt, zittern bereits bei leisestem Windhauch, die Samen rascheln in den Früchten der urtümlichen einjährigen Bauerngartenblume Jungfer im Grünen *(Nigella damascena)*, wenn diese sich im Wind wiegen. Menschen, die zeit ihres Lebens das Rascheln des Windes im Ohr hatten, kann eine Rabatte oder eine schützende Hecke aus Garten-Reitgras (*Calamagrostis × acutiflora* 'Karl Foerster') ähnliche Geräusche bieten und ihr Ohr sanft nach Hause führen.

Für den Nachmittag ist ein kleines Begrüßungsfest geplant. Alle sind eingeladen, Bewohnerinnen und Bewohner, Mitarbeitende und Angehörige. Ich werde etwas über die bevorstehenden Arbeiten erzählen und als Vorgeschmack auf den Bauerngarten in einer kleinen Diashow Bilder von altbekannten Blumen und Kräutern zeigen. Ich stamme selber noch aus dem Diazeitalter und mag die Geräusche, die der Diaprojektor bei jedem neuen Bild macht: «Klack, Klack.» Ein akustisches Signal, das die nötige Aufmerksamkeit für das nächste Bild bündelt.

Ein akustisches Signal, das die nötige Aufmerksamkeit für das nächste Bild bündelt.

Ein Bild zu betrachten, beispielsweise von einer Rose, das auf eine Leinwand von 200 × 200 Zentimeter projiziert wird, ist Kino pur. Hinzu kommt, dass an einem Dia nichts verändert, retuschiert oder hinzugefügt wurde. Alles ist so kontrastreich abgebildet, wie es auch wirklich war. Ich mag die analogen Medien und auch den alten Menschen sind Dias noch gut vertraut. «Klack Klack.»

Klangspiel aus Robinienholz

Praxistipp: Gestaltung der Übergänge nach draußen

«Der größte Schritt ist der aus der Tür», sagt schon ein altes Sprichwort. Wichtig ist, dass dieser Übergang nicht durch Barrieren, die für verschiedene Menschen unterschlich sein können, behindert ist. Denn der erste Schritt entscheidet immer, ob weitere folgen können.

Voraussetzung dafür, dass Menschen mit Demenz selbständig den Garten betreten können, ist, dass die Ausgangstüren als solche erkennbar und auffindbar sind und sich optisch von anderen Türen unterscheiden. Ist das nicht der Fall, können farbliche Akzente, Bilder oder Piktogramme für die notwendige Aufmerksamkeit sorgen, sofern die Hinweise verstanden werden können. Die sinnliche Wahrnehmung kann auf vielfältige Weise dabei helfen, den Ausgang zu finden. In einem Pflegeheim haben wir zum Beispiel die Wände rings um die Ausgangstür von einer Bühnenmalerin gestalten lassen. Dadurch ist der Garten bereits im Innenraum präsent. Zusätzlich kann «das, was hinter einer Tür zu finden ist», mit Geräuschen oder Düften verknüpft werden wie zum Beispiel Vogelzwitschern und Wiesenduft. Für Menschen mit Demenz ist eine solche Verknüpfung hilfreich, solange es nicht zu einer sinnlichen Überfrachtung kommt. Für blinde und sehbehinderte Menschen sind Ausgangstüren über taktile Hinweise in Form von Bodenindikatoren oder Handlaufschildern auffindbar.

Ausgang in den Garten – Gestaltung der Übergänge

Wichtig ist, dass die Tür gut handhabbar ist. Das heißt, sie muss leicht zu öffnen und zu schließen sein, eine lichte Breite von mindestens 90 Zentimeter und eine freie Durchgangshöhe von mindestens 205 Zentimeter aufweisen. Automatische Türsysteme sollten immer die erste Wahl sein. Leider sind nach meinen Erfahrungen die Ausgänge in die Gärten von Pflegeeinrichtungen selten mit automatischen Türen ausgestattet. Für die notwendige Sicherheit muss natürlich gesorgt werden, wenn der Gartenzugang gleichzeitig der Hauptausgang aus dem Gebäude ist. Es dürfen keine Stufen oder Treppen den barrierefreien Zugang zum Garten verhindern. Nur wenn es bautechnisch nicht anders lösbar ist, müssen Rampen oder Aufzüge nach draußen führen. Vor der Tür muss für Rollstuhlfahrerinnen und -fahrer sowie Rollatornutzerinnen und -nutzer eine uneingeschränkte Bewegungsfläche von 150 × 150 Zentimeter zur Verfügung stehen. Siehe Praxistipps Seite 72.

Eine scheinbar so einfache Handlung, wie nach draußen zu gehen, kann für Menschen mit Demenz mit vielen Unsicherheiten verbunden sein. Bodenbeläge wechseln immer, wenn es nach draußen geht, von beispielsweise Linoleum auf stumpfes Betonpflaster. Diese plötzliche Veränderung der Bodenbeschaffenheit kann das Gehen erheblich erschweren. Unterscheidet sich zudem die Farbe der Beläge, wird der Bewegungsfluss zusätzlich behindert. Der Boden, gerade noch hell und freundlich, kann plötzlich nicht mehr als sicherer Untergrund wahrgenommen werden. Fugen oder Rillen werden unter Umständen als Stufen erlebt oder dunkles Betonpflaster als Abgrund. Wenn bautechnisch möglich, sollten die Bodenbeläge auf beiden Seiten der Schwelle nach draußen aufeinander abgestimmt sein. Nuancierte oder changierende Betonsteine sind zu vermeiden, da sie als nicht befestigte und sich bewegende Fläche wahrgenommen werden können.

Praxistipp: Sitzplätze im Garten

Sitzplätze im Garten ermöglichen, sich auszuruhen, in der Sonne zu sitzen, in Gemeinschaft zu sein, sie verschaffen unterschiedliche Perspektive auf ein und dieselbe Situation oder lassen etwas Neues entdecken. Der Standort einer Bank bestimmt mehr als bloß die Aussicht. Steht eine Sitzbank auf einer kleinen Anhöhe oder einem Hügel, ermöglicht sie einen guten Überblick. Nur wenige Zentimeter Bodenmodellierung genügen, um ein Gefühl von Weite und Freiheit zu erleben. Die Atmosphäre, die an solchen Sitzplätzen vorherrscht, ist extrovertiert, energetisch und regt zu Aktivitäten an.

Beobachten Sie es selber mal. Werden die Stimmen und die Gespräche lauter? Nimmt die Kontaktfreude zu? Sogar zu Fremden? Ist die Atmosphäre vielleicht anregend? Wie verändert sich Ihre Wahrnehmung?

Solche Bodenerhebungen oder Hügel haben auch auf Menschen mit Demenz diese Wirkung. Nehmen sie sie vielleicht noch viel intensiver wahr?

Der Sitzplatz und die damit verbundene Qualität, selber wählen zu können, versetzt einen Menschen mit Demenz in die Lage, Dinge in der Hand zu haben.

Minze-Garten

Praxistipp: Ein Pfefferminzbeet neben der Küche

Ein Beet mit verschiedenen Sorten Pfefferminze direkt neben der Küche ist fast schon ein «Muss» in einem Seniorenheimgarten. Pfefferminze ist nicht nur eine Duft- oder Teepflanze, sondern eignet sich auch als Zusatz für gekochte Kartoffeln. Einfach ein paar Zweige frischer Pfefferminze in das Kochwasser geben. Sofort verbreitet sich ein frischer Duft im Raum, zudem schmecken die Kartoffeln aromatischer. Die Sorten *Mentha species* 'Mentuccia' und *Mentha spicata* 'Englische Grüne' eignen sich in der Küche gut. Für Tees wählt man die Sorten *Mentha spicata* var. *crispa* 'Marokko' oder *Mentha spicata* var. *crispa* 'Nane'. Die Pfefferminze mit dem höchsten Gehalt ätherischer Öle ist *Mentha × piperita* var. *piperita* 'Agnes'. Sie hat eine hervorragende, belebende Wirkung (siehe Seite 18).

Wie man den Ausgang in den Garten findet

Bevor es aber zur offiziellen Begrüßung geht, führt uns Frau Bölter über die Etagen und zeigt uns das Haus. Drei Stockwerke ist das L-förmige Gebäude hoch. In der rechten und linken Gebäudeseite liegen die Zimmer der Bewohnerinnen und Bewohner und Aufenthaltsräume. In der Mitte des Komplexes befinden sich im Erdgeschoss der Haupteingang und eine große Cafeteria, auf den oberen Etagen liegen die Büros der Verwaltung, ein Abschiedsraum, auch die Treppenhäuser und Aufzüge beherbergt dieser Gebäudeteil. Der Zugang in den Garten befindet sich gegenüber dem Haupteingang im Erdgeschoss und lässt den Garten bereits von drinnen erahnen.

Hier stehen innen und außen Gartenbänke, Regenjacken hängen aufgereiht an der Wand und Sonnenhüte liegen griffbereit auf einem kleinen Holzregal an der Schwelle nach draußen. Die Ein- und Ausgänge sind immer die beliebtesten Sitzplätze und es ist wichtig, dort ausreichend Sitzmöglichkeiten anzubieten. Über die unteren Terrassen der Aufenthaltsräume können die Bewohner ebenfalls in den Garten gelangen.

Pro Etage befinden sich zwei Hausgemeinschaften und in jeder der insgesamt sechs Hausgemeinschaften leben zwölf Seniorinnen und Senioren.

Die Wände der Verbindungsflure, des Treppenhauses und der Aufzugswartebereiche erstrahlen in reinstem Weiß und verströmen den charakteristischen Geruch nach Umzug und «Frisch gestrichen». Die Wände der Wohnbereiche hingegen leuchten in einem hellen Gelb, und das auf jeder Etage. Die Zimmer der Wohngruppen sind rund um einen großen dunkelgelb gestrichenen Gemeinschaftsraum angeordnet. Gelb ist in den unterschiedlichsten Nuancen überall anzutreffen, nur die Türen zu den Zimmern der Bewohnerinnen und Bewohner sind in einem warmen Rotorange gehalten. Ein Schild informiert jeweils darüber, wer in dem Zimmer wohnt.

Frau Baumann tanzt Walzer

Wir beginnen unseren Rundgang im ersten Wohnbereich des Erdgeschosses. An einem großen Tisch sitzen drei Damen und schälen Kartoffeln. Es riecht nach gebratenen Zwiebeln und Speck.

Mein Magen fängt an zu knurren, während Emma sich auf die Suche nach weiteren Freunden macht. In der offenen Küche, die in der Mitte des Raums thront, findet sie eine Mitarbeiterin, die in den Töpfen rührt. Wieder kommen die großen Hundekulleraugen zum Einsatz und die Freundschaft fürs Leben ist perfekt. Immerhin gibt es Speck. Die Mitarbeiterin streckt mir zur Begrüßung ihren Ellbogen entgegen, die Hände tief im Topf versenkt. «Hallo, ich bin die Maite. Komischer Name, oder? Kommt aus dem Baskischen und bedeutet: die Liebenswerte. Also ich finde, der Name passt!», sprudelt es aus ihr heraus. «Und ihr seid die Gärtner. Ich darf doch du sagen, oder? Euch erkennt man sofort an den grünen Kla-

«Euch erkennt man sofort an den grünen Klamotten.»

Praxistipp: Tanztee oder der Tanz unter den Linden

Menschen mit Demenz tanzen gerne und immer noch gut. Sie erinnern sich an vertraute Bewegungen, die Berührungen der Tanzpartner, an den Rhythmus und die Musik. Die bundesweite Initiative «Wir tanzen wieder» veranstaltet seit vielen Jahren mit sehr großem Zuspruch Tanztreffs für Menschen mit und ohne Demenz. Auch in einem Garten kann getanzt werden. Viele alte Menschen haben früher unter einer Linde und manchmal sogar in einer sogenannten Tanzlinde getanzt. Oder sie trafen sich zum Tanztee im Garten. Warum nicht auch in der Außenanlage eines Seniorenheims eine Tanzlaube oder einen kleinen Tanzplatz errichten mit Bänken, Stromversorgung und natürlich einer Linde?

Tanzboden – hier unter einer alten Kiefer

motten. Und der süße Hund hier gehört auch zu euch?» Dann wendet sie sich einer hoch gewachsenen und elegant gekleideten Dame zu. «Frau Baumann, das sind die Gärtner, die machen uns jetzt den Garten schön.» Frau Baumann stellt sich zu uns und betrachtet mit gesenktem Blick ihre Schuhe. Sie spielt mit den goldenen Armreifen, die sich an ihrem Handgelenk aufreihen. Nach kurzer Zeit hebt sie ihren Kopf, gerade hoch genug, um den nächsten Schritt zu sehen. Sie greift nach meiner Hand und umschließt sie zart. Ich spüre die Knochen ihre langen Finger. Von nun an übernimmt Frau Baumann die Führung durch den Gemeinschaftsraum.

Etwas abseits vom Geschehen, in einer wohnzimmerähnlichen Ecke, steht ein rotes Sofa. Es ist nicht sofort zu erkennen, da es sich hinter einem mit künstlichen Blumen gestalteten Raumteiler versteckt.

Auf dem Sofa lümmeln zwei Herren und schauen Fernsehen. Drei Rehe laufen über den Bildschirm und äsen friedlich auf einer Lichtung. Wir wollen den Frieden nicht stören und ziehen weiter Hand in Hand rund um den Küchenblock. Plötzlich klingt von irgendwoher Klaviermusik, ein langsamer Walzer. Ich halte inne. Es klingt schön. Eine Dame im Rollstuhl, die schweigend am Tisch saß, beginnt zur Musik zaghaft ihren Kopf zu bewegen. «Die Musik spielt doch gerade jemand am Klavier, oder?», frage ich Frau Baumann. Anstatt einer Antwort schaut sie mir zum ersten Mal direkt in die Augen. Hinter einem wässrig trüben Vorhang erkenne ich deren Glanz. Sie streckt mir die offene Handfläche ihrer noch freien Hand entgegen, der Armschmuck klimpert. Sie bittet mich zum Tanz. Da ich des Standardtanzes nicht mächtig bin, überlasse ich mich der Führung von Frau Baumann. Wir tanzen in fließenden Bewegungen pendelartig schwingend durch den Raum. Ich bin überrascht, welche Fähigkeiten Frau Baumann aus mir herausholt. Nach ein paar Runden entlässt sie mich und angelt sich einen der Herren vom Sofa. Die beiden scheinen ein geübtes Tanzpaar zu sein. Sie heben und senken sich im Rhythmus der Musik und drehen sich durch den ganzen Raum.

Sie heben und senken sich im Rhythmus der Musik und drehen sich durch den ganzen Raum.

Frau Kunze, die Klavierlehrerin

«Das Klavier spielt Frau Kunze. Sie war Klavierlehrerin und hat ihr Instrument in ihrem Zimmer stehen. Wenn ihr danach ist, spielt sie vor dem Mittagessen einen Walzer für uns», erklärt mir Frau Bölter, während sie nebenbei einen noch halb gefüllten Frühstücksteller abräumt. Der Herr, dem er gehört, gibt ihn murrend frei und greift noch schnell zum angebissenen Salamibrötchen. «Herr Arnold schläft gerne lange und beendet sein Frühstück meist erst kurz vor dem Mittagessen», sagt Frau Bölter. Diesmal hat er es nicht ganz geschafft, sein Frühstück zu beenden, denn die drei Kartoffelschälerinnen rücken, begleitet von Maite, mit den Tellern fürs Mittagsessen an. Emma wittert ihre Chance, freundet sich in Windeseile mit Herrn Arnold an und kümmert sich

Praxistipp: Zimmerpflanzen

Zimmerpflanzen sind ein wichtiger Bestandteil häuslicher Atmosphäre in Lebensräumen von Menschen mit Demenz. Die Anwesenheit von Pflanzen reduziert Stress und trägt zum psychologischen und sozialen Wohlergehen bei. Gerade altbekannte Topfpflanzen wie das Usambaraveilchen (*Saintpaulia ionantha*-Hybriden) oder der Weihnachtskaktus (*Schlumbergera truncata*) sind mit Erinnerungen verbunden. Zimmerpflanzen machen den Lebensraum behaglich, gerade im Winter, wenn draußen wenig blüht und wächst. Um Zimmerpflanzen kann und muss man sich das ganze Jahr über kümmern. Diese Tatsache ist ein Grund dafür, dass sich manche Pflegeheime gegen echte Zimmerpflanzen entscheiden und lieber künstliche Blumen in die Räume stellen, die kaum Pflegeaufwand erfordern. Sicherlich gibt es gut gearbeitete künstliche Blumen, die wie echt aussehen, nur duften sie nicht, sie verbessern weder das Raumklima noch produzieren sie Sauerstoff, sie wachsen oder verändern sich nicht, sie helfen nicht dabei, Symptome wie Husten oder eine trockene Kehle zu lindern. Es sind eben keine lebendigen Pflanzen.

Echte Zimmerpflanzen brauchen ausreichend Sonnenlicht, aber keinen Sonnenbrand, sie brauchen regelmäßige Wassergaben, aber keine Staunässe, manche brauchen hohe Luftfeuchtigkeit, andere eine geringere, einige mögen das Umtopfen, andere finden das weniger gut. Für die Versorgung echter Zimmerpflanzen muss eine verantwortliche Person mit grünem Daumen (samt Urlaubsvertretung) gefunden werden, die auch Bewohnerinnen und Bewohner in die Versorgung der Pflanzen miteinbezieht. Als Anreiz kann sie wöchentlich für eine Stunde für die Zimmerpflanzenpflege freigestellt werden. Oder es finden sich freiwillige Helferinnen und Helfer oder Angehörige, die diese Aufgabe verbindlich übernehmen. Tätigkeiten wie das Gießen oder das Zupfen welker Blätter können als morgendliches Ritual durch den langen Winter begleiten. Andere nicht ständig anfallende Arbeiten wie beispielsweise das Umtopfen können zum Ereignis für das ganze Haus werden: Der große Umtopf-Tag im Frühjahr ist gleichzeitig das Startzeichen für die Gartensaison im Außen. Ab April bis Mai bietet sich auch die Vermehrung von Usambaraveilchen als einfache Tätigkeit an. Dazu werden Blätter von etwa drei Zentimetern Länge samt Stiel von der Mutterpflanze abgerissen. Das angerissene Stielende gerade abschneiden und bis zum Blattrand in Aussaat- oder Anzuchterde stecken. Ungefähr sechs Wochen später zeigen sich an der Basis des Blattstiels mehrere neue Blättchen. Diese werden schließlich auseinandergezupft und einzeln eingesetzt.

Wichtig ist, dass keine giftigen Pflanzen in den Räumen stehen. Die beliebten Orchideen zum Beispiel sind in einigen Pflanzenteilen (Wurzel) leicht giftig, auch wenn die im Handel angebotenen Orchideen, meistens aus der Gattung *Phalaenopsis,* allgemein als ungefährlich eingestuft werden.

Ungiftig sind zum Beispiel Zimmerpantoffelblümchen (*Calceolaria × herbeohybrida*), Pfennigbaum *(Crassula ovata)*, Schamblume *(Aeschynanthus speciosus)*, Tapirblume *(Crossandra infundibuliformis)*, Silbernetzblatt *(Fittonia)* und Gloxinie (*Sinningia*-Hybriden).

Manchmal kommt es auch vor, dass jemand mit Demenz in den Übertopf einer Pflanze uriniert. In solch einem Fall positionieren Sie die Pflanze höher oder an einem anderen Ort oder wählen eine andere Topfgröße. Vielleicht ist die eigentliche Toilette nicht ausreichend gekennzeichnet oder schwer auffindbar?

Die Gartengruppe stellt Tischdekorationen her.

Praxistipp: Perspektivische Wahrnehmung
Für manche Seniorinnen und Senioren ist die empfundene Entfernung eine Hürde, die sie daran hindert, sich auf den Weg durch den Garten zu machen. Sie fühlen sich wackelig oder haben Angst zu fallen. Manchmal übertragen sich auch die Sorgen von Angehörigen oder die ärztliche Mahnung – «Wenn Sie fallen, dann ist es aus ...» – auf die alten Menschen. Solche Hinweise werden sicherlich aus gutem Grund gegeben, bei den Betroffenen steigern sie aber in erster Linie die Angst und führen zu einer Zunahme von Unsicherheit anstatt zu mehr Beweglichkeit. Die Folge ist, dass die Instabilität der alten Menschen zunimmt und ihr Bewegungsradius immer kleiner wird. Damit der Gang durch den Garten nicht mit Sorgen behaftet ist, sondern als angenehmer Spaziergang oder gern gewählte Bewegungsübung verstanden wird, kann man mit gestalterischen Maßnahmen den Garten und somit auch den Weg optisch verkürzen. Eine Grundstücksgrenze oder die hinterste Ecke eines Gartens rückt optisch auf den Betrachter zu, wenn dort große Sträucher oder Bäume gepflanzt werden und im Vordergrund niedrige Gehölze, Stauden oder Gräser wachsen. Gehölze mit großem oder dunklem Laub wie beispielsweise die 'Rotblättrige Zellernuß', eine Sorte der Haselnuss *(Corylus avellana)*, oder eine Hecke aus rotlaubiger Blutbuche (*Fagus sylvatica* 'Purpurea') lassen ebenfalls eine größere Nähe vermuten. Die resultierende geringere Tiefenwirkung hat positiven Einfluss auf die Bewertung der Seniorinnen und Senioren im Hinblick auf Handhabbarkeit und Selbständigkeit im Garten.

in aller Ruhe um das angebissene Salamibrötchen. Frau Bölter bekommt einen Anruf auf ihr Diensthandy, das immer an ihrem Gürtel baumelt. Sie muss zurück ins Büro, entschuldigt sich bei uns und verschwindet im Streckgalopp.

Es ist Mittagessenszeit und die Kartoffelschälerinnen tragen auf. Der große Tisch füllt sich nur langsam. Zwei Leute sind nach dem Frühstück einfach sitzen geblieben und sitzen nun als Erste vor dampfenden Tellern. Frau Baumann, noch immer in Begleitung ihres Tanzpartners, wird galant zum Tisch geführt. «Wir sind auch gleich so weit!», ruft eine junge Stimme aus einem der Zimmer. «Mach in Ruhe, wir haben heute alle nichts mehr vor», witzelt Maite. Zu mir gewandt erklärt sie: «Das ist die Darina, unsere Betreuungsassistentin. So heißt das heute, wenn du zu wenig verdienst, aber eine Heidenarbeit hast.» Darina, eine sportliche junge Frau, erscheint im Türrahmen. Dicht neben ihr trippelt eine rundliche Dame mit wackeligen Schritten Richtung Tisch. Auf dem Türschild kann ich ihren Namen lesen, Frau Vogel heißt sie. Sie ist frisch frisiert und ihr blond gefärbtes Haar wird von einem pinkfarbenen Stirnband in Zaum gehalten. Passend zum Stirnband trägt sie eine fliederfarbene Bluse und Jeans. Frau Vogel reicht Darina ihre große Sonnenbrille. «Die brauch ick nich beim Essen», verkündet sie mit lauter Stimme, holt tief Luft und setzt an: «Ick sitze da und esse Klops. Uff eenmal kloppt's. Ick sitze, kieke, wundre mir, uff eenmal is se uff de Tür. Nanu, denk ick, ick denk nanu! Jetzt is se uff, erst war sie zu. Und ick geh raus und kieke. Und wer steht draußen? Icke.» Darina, Maite und die Kartoffelschälerinnen klatschen anerkennend Beifall und Frau Vogel amüsiert sich über sich selbst.

Darina, Maite und die Kartoffelschälerinnen klatschen anerkennend Beifall.

Darina begleitet die letzten Bewohnerinnen und Bewohner zu Tisch, während Maite die Teller mit duftendem Eintopf füllt. Der Marke Allerlei, wie sie nebenbei bemerkt.

Sie setzt sich neben die Dame im Rollstuhl und unterstützt sie beim Essen. «Setzt ihr euch am besten dahinten hin, da klaut euch niemand die besten Stücke vom Teller», wendet sie sich uns zu und zwinkert mit einem Auge zu Herrn Arnold rüber. Wir essen in stiller Runde, nur die Dame im Rollstuhl summt leise vor sich hin. Von unseren Plätzen aus haben wir einen wunderbaren Blick nach draußen und dank der bodentiefen Fenster fühlt es sich an, als säßen wir mittendrin, im Draußen. Ganz weit hinten, am hinteren Ende des Grundstücks, fällt mein Blick auf eine Eichenallee.

Praxistipp: Baumtagebuch – identitätsstiftende Baumchronik

Viele alte Bäume waren schon da, als wir noch gar nicht geboren waren, sie haben sozusagen Geschichte erlebt. Die alten Eichen standen vielleicht schon an ihrem Platz, als die älteste Bewohnerin des Pflegeheims auf die Welt kam. Oder sie wurden gepflanzt, lange bevor der Krieg begann. Gute und schlechte Zeiten sind an ihnen vorübergezogen, sie stehen immer noch da, aufrecht, tief verwurzelt und unerschütterlich.

Das Alter eines Baums lässt sich an der Anzahl der Jahresringe feststellen. Die einzelnen Jahresringe können mit geschichtlichen Ereignissen synchronisiert werden. Daraus entsteht ein Baumtagebuch, das Erinnerungen der Seniorinnen und Senioren wach rufen und Identität stiften kann.

Als Erstes werden gemeinsam bekannte Ereignisse gesammelt wie beispielsweise Erfindung des Fernsehapparats, Untergang der Titanic, Weltkriege, Gründung der DDR, das «Wunder von Bern», Kennedy-Attentat, erste Mondlandung, Olympische Spiele in München.

Dann besorgt man sich beim Förster oder Brennholzhändler einen möglichst dicken Hackklotz (je dicker, umso standfester und älter) und lässt ihn auf circa 60 Zentimeter Höhe einkürzen, so dass seine Oberseite auch vom Rollstuhl aus betrachtet werden kann. Ist die Schnittfläche ausreichend abgetrocknet, wird sie mit Schmirgelpapier so lange glatt geschliffen, bis die Jahresringe gut sichtbar sind. Die Fläche wird nun mit Holzöl oder Holzwachs behandelt.

Die Liste der Ereignisse mit den zugehörigen Jahreszahlen lässt man auf eine separate Hinweistafel drucken, die neben dem Holzklotz aufgestellt wird. Um die Jahreszahlen zu veranschaulichen, lässt man sich beispielsweise kleine Messingschilder gravieren, die an den entsprechenden Jahresring geheftet werden.

Mächtig ragen die alten Bäume in den Himmel, ohne dass sich ihre Kronen berühren. Sie halten als Einzige noch die alten vertrockneten Blätter fest, während es in der Ferne bereits überall grünt und blüht. Zum Glück sind die alten Bäume nicht der Baumaßnahme zum Opfer gefallen. Sie werden dem neuen Garten einen unverrückbaren Halt geben.

Von der Idee zum fertigen Garten

Den Garten gibt es bisher nur als Skizze und in meinem Kopf. Eine große Terrasse eingefasst von verschiedenen Beeten mit Pfefferminze und «Kuschelpflanzen» erwarten die Gartenbesucherinnen und -besucher nach dem ersten Schritt nach draußen.

Alte Eichen, ein unverrückbarer Halt im Garten

Praxistipp: «Kuschelpflanzen» oder Stauden «begreifen»

Kuschelpflanzen sprechen in einer besonderen Art und Weise die Wahrnehmung an. Es handelt sich dabei um Pflanzen, die «begriffen» werden wollen, die über Tasten und Berühren erfahren werden können. Die Berührung beispielsweise des Weichen Frauenmantels *(Alchemilla mollis)* oder der Apfelminze *(Mentha suavoelens)* ist eine sensorische Stimulation, wie sie gerade für bettlägerige Menschen wichtig ist.

Stauden berühren und begreifen

Bettlägerig werden bringt oftmals einen Mangel an stimulierenden Umweltreizen mit sich, der dazu führen kann, dass Menschen mit Demenz diesen durch Selbststimulation zu kompensieren beginnen. Selbststimulation wie ständiges Rufen, Schaukelbewegungen oder Halluzinationen sind nicht alleine dem weitgehenden Fehlen von Umweltreizen geschuldet, sie lassen sich auch nicht immer verhindern. Reizmangel kann aber Verwirrtheitssymptome triggern.

Reizüberflutung kann allerdings die gleichen Symptome hervorrufen, weshalb es wichtig ist, das Reizangebot an den individuellen Reizbedarf eines Menschen mit Demenz anzupassen.

Weitere geeignete Pflanzen sind unter anderem Silber-Salbei *(Salvia argentea)*, Woll-Ziest *(Stachys byzantina)*, Hauswurz (*Sempervivum*-Arten) und Goldenes Frauenhaarmoos *(Polytrichum commune)*.

Mit unterschiedlichen Moosarten lassen sich ganze Beete gestalten. Hervorragend geeignet sind Vertikalbeete, die für Menschen im Rollstuhl oder Bett leicht zu erreichen und zu betasten sind. Wichtig ist, dass die Wachstums- und Standortansprüche der verwendeten Moose beachtet werden. Im Wald dürfen Moose für den privaten Gebrauch nur in kleinen Mengen gesammelt werden, in Schutzgebieten ist die Entnahme tabu. Tipp: die Nachbarn fragen, ob sie unerwünschte Moose abgeben möchten. Oder die Moose in einer Gärtnerei oder einem Blumengeschäft kaufen.

Schlagartig verändern sich mit diesem ersten Schritt die Geräusche und die Düfte. Eben herrschte noch ruhige Innenraumatmosphäre, nun erwarten die Bewohnerinnen und Bewohner möglicherweise Verkehrslärm oder Vogelgezwitscher. Ich habe es auch schon erlebt, dass sich direkt neben dem Zugang in den Garten die Anlieferung und der Müllplatz befanden, zwar hinter einer Mauer, aber die Geräusche und Gerüche drangen durch den gesamten Garten. Das Licht verändert sich ebenfalls beim Schritt hinaus. Die Sonne scheint uns unter Umständen direkt ins Gesicht und kann uns für den ersten Augenblick die Sicht nehmen. Das Auge braucht Zeit, um sich an einen Wechsel der Lichtsituation zu gewöhnen. Aus diesem Grund ist die gesamte Terrasse von einer Pergola aus Robinienholz überdacht, die von Kletterpflanzen berankt wird und eine Lichtsituation schafft, die zwischen dunklem Innenraum und hellem Tageslicht vermittelt. Vor dem Laubaustrieb schimmern die ersten Sonnenstrahlen durch das transparente Zweiggerüst und locken an die frische Luft. An warmen Sommertagen hingegen sorgt ein üppiges Blätterdach für angenehmen Schatten.

Vor dem Laubaustrieb schimmern die ersten Sonnenstrahlen durch das transparente Zweiggerüst und locken an die frische Luft.

Am anderen Ende des Gartens, der Terrasse gegenüber, liegt der Bauerngarten. Auch hier sorgt eine berankte Pergola für Schatten. In der Mitte des Außengeländes stehen die Apfelbäume auf einer großen Wiese, die sie sich mit den Johannisbeeren und Himbeeren teilen. Bevor der Spaziergang an der Obstwiese vorbeiführt, müssen der Duftrasen und eine Blumenwiese passiert werden. Linker Hand, im südwestlichen Gartenbereich, kann tatkräftig gegärtnert werden. Hier befinden sich der Gemüsegarten, Hochbeete und der Geräteschuppen.

Die Grundstücksgrenze an dieser Seite markiert ein Zaun. Er wird sehr bald nicht mehr zu sehen sein, denn davor wird die Jahreszeitenhecke gepflanzt.

Ein Bachlauf plätschert an der gegenüberliegenden Gebäudekante vor sich hin, direkt an der alten Eichenallee.

Wie gesagt, bisher ist alles nur in meinem Kopf. Jetzt erst mal zurück an den Esstisch. Nach dem Essen löst sich die Runde nach und nach auf. Die Kartoffelschälerinnen helfen Maite beim Abräumen und Spülen, Darina begleitet einen Herrn beim Toilettengang, jemand döst vor dem schwarzen Bildschirm auf dem Sofa und Frau Baumann spaziert Hand in Hand mit ihrem Tanzpartner um den Küchenblock. Die Mittagsruhe beginnt.

Praxistipp: Pflanzen für die Pergola

Mehrjährige Kletterpflanzen

- Klettergurke *(Akebia quinata):* stark wüchsig, duftende Blüten und essbare Früchte, zur Fruchtbildung mindestens zwei Pflanzen erforderlich.
- Waldrebe *(Clematis):* besonders geeignet sind die Sorte 'Wilsonii' der Berg-Waldrebe *(Clematis montana)* mit cremeweißen Blüten, die nach Schokolade duften, und die Mandel-Waldrebe (*Clematis triternata* 'Rubromarginata'), deren kleine weiße Blüten, wie der Name schon andeutet, Mandelduft verströmen.
- Scharfzähniger Strahlengriffel *(Actinidia arguta),* auch Kiwibeere oder Mini-Kiwi genannt: kleine honigsüße Früchte, die mit Schale essbar sind.
- Weinrebe *(Vitis vinifera):* Tafeltrauben wie zum Beispiel 'Birtaler Muskat' oder 'Palatina' mit gelbgrünen Früchten.
- Pfeifenwinde *(Aristolochia macrophylla):* besonders wüchsig, große Blätter (bis zu 34 Zentimeter lang und bis 35 Zentimeter breit), optimaler Schattenspender.
- Klettertrompete oder Trompetenblume *(Campsis):* stark wüchsig, bis 25 Zentimeter lange gefiederte Blätter, auffällige leuchtend gefärbte Blüten.

Einjährige Kletterpflanzen

- Japanischer Hopfen *(Humulus japonicus):* starkwüchsige Pflanze, die unbedingt eine Kletterhilfe benötigt.
- Feuerbohne *(Phaseolus coccineus):* Die rot blühende Feuerbohne wird wegen ihrer großen Blüten auch Prunkbohne genannt und klettert schnell bis zu vier Meter hoch.
- Glockenrebe *(Cobaea scandens):* Die Glockenrebe kann binnen kürzester Zeit große Flächen blickdicht begrünen und bringt zudem von Juli bis Oktober duftende Blüten hervor.
- Schwarzäugige Susanne *(Thunbergia alata):* Sie begrünt Zäune, Sichtschutzwände und Balkone in enormer Geschwindigkeit und ihre kräftigen orange-gelben Blüten strahlen von Mai bis Oktober mit der Sonne um die Wette.

Wichtig ist natürlich, dass das anfallende Laub entfernt und das Fallobst aufgesammelt wird.

Pergola, mit Weintrauben bepflanzt

Praxistipp: Der Gartenzaun

Der Gartenzaun hat die Aufgabe, abzugrenzen und Schutz zu vermitteln. Sein Anblick kann aber auch den Wunsch hervorrufen, ihn zu überwinden: aus Neugier auf das, was sich dahinter verbirgt, oder auch, weil man sich eingesperrt fühlt.

Für Menschen mit eingeschränkter Orientierungsfähigkeit ist es wichtig, dass die Motivation, «hinter den Zaun zu gelangen», erst gar nicht entsteht, da hinter dem Zaun kein Schutz mehr gewährleistet ist und der Ausflug dorthin noch größere Desorientierung zur Folge hätte. So muss die Gartengrenze Schutz gewährleisten, darf als solche aber nicht offensichtlich sein. Das lässt sich dadurch erreichen, dass eine dichte sogenannte Jahreszeiten-Hecke das Gelände zum Nachbargrundstück hin abschließt. Die Hecke hat die Funktion eines lebenden Zauns. Die Pflanzenauswahl erfolgt unter zwei Aspekten: jahreszeitliche Orientierung aufgrund unterschiedlicher Blütezeiten und ökologische Funktion als Vogelschutzhecke. Die Hecke wird idealerweise zweireihig versetzt gepflanzt mit einer Tiefe von circa zwei bis drei Meter. Bei der Planung der Hecke müssen die geltenden nachbarschaftsrechtlichen Bestimmungen hinsichtlich der Grenzabstände und eventuelle lokale Pflanzvorschriften beachtet werden. Die Pflege dieser Art Hecke ist weniger aufwendig als bei einer formalen Hecke, ein Auslichtungsschnitt alle paar Jahre genügt.

Gemüsegarten als Gartengrenze

Beispiele früh blühender Sträucher

- Deutzien (*Deutzia*-Arten)
- Gemeine Felsenbirne *(Amelanchier lamarckii)*
- Forsythien *(Forsythia)*
- Gemeiner Flieder *(Syringa vulgaris)*
- Gemeine Hasel *(Corylus avellana)*
- Schwarzer Holunder *(Sambucus nigra)*
- Duft-/Garten-Jasmin (*Philadelphus* 'Virginal')
- Kerrie *(Kerria japonica)*
- Eingriffliger Weißdorn *(Crataegus monogyna)*
- Zierquitte *(Chaenomeles)*
- Schwarze Apfelbeere *(Aronia melanocarpa)*

Beispiele für Sommer- und Herbstblüher

- Fünffingerstrauch *(Potentilla fruticosa)*
- Garteneibisch *(Hibiscus syriacus)*
- Gartenhortensie *(Hydrangea macrophylla)*
- Rispen-Hortensie *(Hydrangea paniculata)*
- Großes Johanniskraut *(Hypericum calycinum)*
- Perlmuttstrauch oder Kolkwitzie *(Kolkwitzia amabilis)*
- Sommerflieder oder Schmetterlingsstrauch *(Buddleja davidii)*
- Sommerjasmin oder Europäischer Pfeifenstrauch *(Philadelphus coronarius)*

Beispiele für Winterblüher

- Winter-Jasmin *(Jasminum nudiflorum)*
- Kornelkirsche *(Cornus mas)*
- Winterkirsche (*Prunus subhirtella* 'Autumnalis')
- Winter-Schneeball (*Viburnum × bodnantense*)
- Schneeforsythie *(Abeliophyllum distichum)*
- Zaubernuss *(Hamamelis)*

Tipp: In manchen Bundesländern gibt es Fördermittel für die Pflanzung einer Vogelschutzhecke.

Möglicher kostengünstiger und effektiver Zauntyp: Staketenzaun aus Kastanienholz oder ein Knotengeflecht-Zaun aus starkverzinkten zweieinhalb bis drei Millimeter starken Drähten, 200 Zentimeter hoch, montiert an Robinenholz- oder Metallpfosten.

Praxistipp: Frühling im Garten

Frühlingssonne macht glücklich, das ist unumstritten. Denn bei Sonnenschein produziert der Körper vermehrt Serotonin, unser körpereigenes «Glückshormon». Ein ausgiebiges Sonnenbad im Frühling macht uns ausgeglichener und auch zufriedener. Wir nehmen das Licht und Helligkeit besser wahr und sind fitter als im trüben Herbstlicht. Mithilfe des Sonnenlichts kann unser Körper aus Vorstufen Vitamin D bilden, das wichtig für den Knochenaufbau ist.

Blaue Gelbrand-Funkie

Die Möglichkeit, sich in der Sonne aufhalten zu können, und zwar in gesundem Maß und ohne Schäden befürchten zu müssen, ist für Menschen mit Demenz unabdingbar.

Außer leuchtendem Sonnengelb wirkt auch das frische Grün des Frühlings stimmungsaufhellend. Farbtherapeuten wenden Lindgrün, das erste Grün des Frühlings, gegen Aufregung und Unruhe an. Es regt weder zu sehr auf noch beruhigt es zu sehr. Schon Hildegard von Bingen (1098-1179) wusste von der Kraft des Grüns. Sie prägte den Begriff «Viriditas», womit sie die Grünkraft, also die Lebenskraft meinte.

Das grüne Band des Frühlings strahlt nun einmal nicht das ganze Jahr hindurch. Eine ähnliche Wirkung kann mit einer Kombination aus der wintergrünen Winkel-Segge *(Carex remota)* und der Blauen Gelbrand-Funkie (*Hosta sieboldiana* 'Frances Williams') erzielt werden. Die Blätter des Goldgelben Perückenstrauchs (*Cotinus coggygria* 'Golden Spirit') verbreiten ebenso frühlingshafte Frische. Ein kleines Beet mit diesen beiden Pflanzen und einem Stuhl davor kann schon ausreichen, dass Menschen mit Demenz und ihre Begleitpersonen gleichermaßen innere Ruhe finden.

Gelbe Vielfalt an den Wänden

Das gilt nicht für Frau Bölter. Von Weitem sind ihre Schritte bereits zu hören. Im Schlepptau hat sie einen jungen Mann. «Schön, dass ich Sie hier unten noch antreffe. Ich möchte Ihnen kurz unseren FSJler Tariq vorstellen. Er wird Ihnen die übrigen Etagen zeigen und auch Ihre Zimmer. Es gibt noch zwei Zimmer im zweiten OG, die erst kommende Woche belegt werden. Dort können Sie bis dahin wohnen und danach haben Sie eigene Übernachtungspläne, richtig? Ich muss dann auch wieder los. Wenn noch irgendetwas ist, Sie haben ja meine Handynummer oder finden mich im Büro.» Sprach sie und war verschwunden. «Hallo Tariq, ich bin die Ulrike und das ist mein Mitarbeiter Michael. Schön, dass du Zeit hast und uns herumführst», begrüße ich ihn. «Kein Problem», antwortet er mit leiser Stimme und schlappt voraus. Tariq ähnelt meinem Mitarbeiter. Ein großer schlanker Kerl Mitte 20, mit einem dunklen Wuschelkopf. Die beiden verstehen sich auf Anhieb, auch ohne Worte. Schweigsame unter sich haben es leicht, in Kontakt zu kommen.

Zu dritt wandern wir durch die Gemeinschafträume der oberen Etagen. Es sieht überall gleich aus, gelbe Vielfalt an den Wänden, einen mittleren Küchenblock, eine Wohnzimmerecke und zwölf Zimmer, die sich um den Patio-ähnlichen Gemeinschaftsraum gruppieren. Dort, wo sich im Erdgeschoss die Terrasse befindet, erstrecken sich in den oberen Stockwerken große Balkone über die ganze Front der Gemeinschaftsräume. Unsere Zimmer befinden sich in der «Kaiserstraße». Jede Hausgemeinschaft ist nach einer bekannten Straße der Stadt benannt. Es gibt die Luisenstraße, den Tiergartenweg, die Sophienstraße, die Kantstraße, die Kronenstraße und unsere Kaiserstraße.

Es herrscht noch Mittagsruhe und die meisten Bewohner schlafen. Auf dem Balkon sitzen Mitarbeiterinnen aus der Pflege und besprechen die Übergabe. Eine Altenpflegerin, die unruhig auf ihrem Stuhl hin und her rutscht, spricht mit gedämpfter Stimme auf ihre Kolleginnen ein. Sie wippt nervös mit den Beinen und die Kolleginnen, allesamt an Zigaretten saugend, hören ihr aufmerksam zu. Wie ein Eishockeyteam stecken sie ihre Köpfe zusammen, so als ob sie nur gemeinsam die anstehenden Aufgaben bewältigen können. Trotz des offensichtlichen Drucks, unter dem Pflegekräfte stehen, erlebe ich die Atmosphäre im Haus als freundlich und zugewandt. Ich ziehe meinen Hut vor den Leistungen der Beschäftigten.

Es herrscht noch Mittagsruhe und die meisten Bewohner schlafen.

Unsere Zimmer liegen zur Gartenseite hin. Neben uns, so steht es auf dem Türschild, wohnt Frau Winter. Während ich mir mein Zimmer anschaue, holt Michael unsere persönlichen Sachen aus dem Bus. Einen Berg von Arbeitskleidung, Regenzeug, Hundefutter und was wir sonst so brauchen, hat er kurzerhand auf eine unserer Schubkarren geladen und steht nun mit der beladenen Karre breit grinsend in meinem Zimmer. Er hat eine unglaubliche Freude daran, Dinge zu tun, die niemandem schaden und in bestimmten Zusammenhängen ungewöhnlich erscheinen, wie zum Beispiel mit einer Schubkarre durch ein Altenheim fahren. Mit Fort-

Praxistipp: Eyecatcher, Landmarken und geborgte Landschaft
Ist der Ausblick für die Betrachterinnen und Betrachter attraktiv, ist die Wahrscheinlichkeit groß, dass der Blick aus dem Fenster genossen wird. Wird er zudem so gestaltet, dass das Gesehene auch «gelesen» werden kann, schafft der Ausblick zusätzliche Orientierung. Blicke lassen sich einfangen, indem Eyecatcher gepflanzt oder aufgestellt, Sichtbeziehungen geschaffen oder Landmarken genutzt werden. Im privaten Pflegeumfeld bestimmen die persönlichen Vorlieben die Gestaltung. In einer Pflege- und Betreuungseinrichtung sollte die Gestaltung für eine heterogene Gruppe von Menschen attraktiv sein. Für Menschen mit eingeschränktem Sehvermögen sind Farbe, Größe und Bewegung wichtig.

Wiederkehrende Elemente, sogenannte Landmarken, wie Pavillons, Solitärgehölze oder Farbrabatten strukturieren einen Garten oder eine Freifläche, so dass sie «gelesen» und verstanden werden kann. Eine Strukturierung ist in einer großen parkähnlichen Gartenanlage besonders wichtig, da sich die Wege dort meist durch eine Grünfläche schlängeln und nicht geradlinig verlaufen. Eine Landmarke kann auch außerhalb des Gartens liegen: ein Kirch- oder Fernsehturm, ein Berg, ein Wald, die vom Fenster aus ohne Behinderung durch Bepflanzung oder Mauern sichtbar sind. Eine bewusst geschaffene Blickbeziehung mit dem Umfeld, die optische Integration äußerer Objekte oder Landschaftselemente lassen den Gartenraum größer und weiter erscheinen. Dieses Prinzip wird als «geborgte Landschaften» bezeichnet. Wichtig ist, dass eine optische Verbindung zwischen dem Standpunkt des Betrachtenden, wie beispielsweise einem Sitzplatz am Fenster, über die Grünfläche hinaus mit der Landschaft oder Umgebung besteht. Ein einfaches Beispiel: Vorne im Bild befindet sich eine Wiese, die dicht mit Sträuchern eingefasst ist, dahinter in der Ferne liegt eine Landschaft mit hohen Bäumen oder ein Fluss oder See. Die Sträucher werden nun an den Stellen, an denen der Blick in die umgebende Landschaft gerichtet ist, niedriger gehalten. Oder anstelle der Sträucher bildet eine in Form geschnittene Hecke ein Fenster nach draußen. So entsteht eine «Pforte», die als Bindeglied zwischen dem Garten oder der Freifläche und der dahinter liegenden Landschaft dient. Etwas differenziertere Beispiele sind Steine, die die Silhouette eines angrenzenden Bergs aufnehmen, eine Mauer, die eine Gebäudestruktur aufgreift, oder ein Baum, der so gewählt und gepflanzt wird, dass er auf den dahinter liegenden Wald verweist. Wichtig ist, dass die Grenze des Gartens oder Grünanlage erkennbar ist. Deren Betonung, etwa durch Formgehölze oder Mauern, erhöht die Wirkung noch.

schreiten des Projekts werden wir noch viele ungewöhnliche Dinge initiieren.

Bis zum Begrüßungsfest haben wir noch etwas Zeit und können uns in Ruhe in unseren Zimmern einrichten. Mein Hund ist verschwunden, wahrscheinlich schließt sie gerade Freundschaft mit Frau Winter von nebenan.

Die Zimmer sind geräumig und hell eingerichtet. Auffallend ist das große bodentiefe Fenster gegenüber der Zimmertür. Es wird von einer blickdichten Gardine abgedeckt. Ein Wohnaccessoire in Apricot, das ich zur Seite schiebe, um die Nachmittagssonne hineinzulassen. Doch anstatt meinen Blick schweifen lassen zu können, schaue ich auf eine beigefarbene Wand. Eine Senkrechtmarkise verdeckt von außen das gesamte Fenster. Ein sogenannter Sonnenwächter ist dafür verantwortlich, dass es schattig wird. Er fährt bei erhöhter Sonneneinstrahlung die Markise automatisch herunter. Manuell lässt sie sich nicht mehr öffnen. Vielleicht muss dem Wächter mal gesagt werden, dass Frühlingssonne gut tut.

Blick in den Garten – Balkonaussicht

Praxistipp: Kontaktaufnahme – neurologischer Augen-Hand-Reflex

Das Wichtigste für den Umgang mit Menschen, die an Demenz erkrankt sind, ist das Herstellen von Kontakt – denn Kontakt ermöglicht erst Begegnung.

Wir Menschen gehen bei der Kontaktaufnahme meist Schritt für Schritt vor. Die Initiative kann darin bestehen, dass wir auf uns aufmerksam machen. Treffen wir beispielsweise jemanden auf der Straße, den wir lange nicht gesehen haben, winken wir, versuchen Blickkontakt herzustellen und lächeln die Person an. All das findet im öffentlichen Bereich statt, der in etwa zwei Meter Abstand von uns beginnt. Nähern wir uns der Person und überschreiten diese Schwelle, betreten wir den persönlichen Bereich. Dieser ist den Menschen vorbehalten, zu denen wir eine persönliche Beziehung haben. Alles andere fühlt sich unwohl an, Beispiel Fahrstuhl. (Jedenfalls in unserer Gesellschaft.) Wir reichen zur Begrüßung die Hand = Abstand, sprechen uns an, halten Blickkontakt. Gehen wir noch einen Schritt näher, gelangen wir in den sogenannten intimen Bereich, der durch einen Körperabstand von circa 45 Zentimeter definiert ist. In diesen Bereich dringen beispielsweise auch Pflegende, Ärztinnen und Ärzte oder Betreuende ein. Im Idealfall besteht dabei Blickkontakt. Bereits das Helfen beim Anziehen der Jacke oder das Einschmieren mit Sonnencreme findet im intimen Bereich statt.

Auch Menschen mit Demenz durchlaufen diese Schritte der Kontaktaufnahme. Nur geschieht alles langsamer, sie brauchen oftmals etwas mehr Zeit, um Informationen und Situationen zu verarbeiten. Und grundsätzlich gilt, dass jeder Mensch aggressiv reagieren kann, wenn man sich unvermittelt nähert. Der Kontakt muss sehr umsichtig geknüpft werden, wobei der Augenkontakt wichtig ist. Manchmal jedoch finden sich die Blicke nicht oder das Gegenüber wird nicht erkannt. Eine Möglichkeit, einen Blickkontakt herzustellen, ist es, sich des nachfolgend beschriebenen neurologischen Augen-Hand-Reflexes zu bedienen: Sie reichen dem Menschen, mit dem Sie Kontakt wünschen, die Hand. Wird Ihnen die Hand gegeben, drehen Sie sie behutsam halb um, sodass sie in Ihrer Hand zum Liegen kommt. Nun legen Sie Ihre noch freie Hand auf die Hand, die Ihnen gereicht wurde, und umschließen sie behutsam. Die Reaktion ist unmittelbar spürbar, denn man wendet Ihnen automatisch das Gesicht zu. Der so ausgelöste neurologische Augen-Hand-Reflex lässt Sie den wichtigen Augenkontakt finden, der für eine vertraute Begegnung wichtig ist.

Mir ist es auf jeden Fall zu dunkel und ich schalte das Licht an. Die Wände sind apricot gestrichen, eine Nuance heller als die Gardine. Vor dem Fenster steht ein großer Ohrensessel mit beigefarbenem Bezug, etwas dunkler als die Markise. An der Wand zwischen Fenster und Pflegebett ist ein weißer Schrank eingebaut. Das Pflegebett steht rechts neben der Tür, längs an der Wand gegenüber dem Fenster. Ich lege mich hinein. Will ich aus dem Fenster schauen, muss ich mich zur Seite wenden oder den Kopf Richtung Fenster drehen, für mich auf die Dauer eine ungemütliche Position. Bequemer wäre es, wenn das Bett so steht, dass ich auf dem Rücken liegend aus dem Fenster schauen kann, ohne mich drehen zu müssen.

Leider kann das Bett nicht verstellt werden, um individuellen Wünschen gerecht zu werden, da Wandleuchte, Steckdosen und Notklingel seinen Standort vorgeben. Ich probiere verschiedene Liegepositionen des Betts aus. Mit der elektrischen Höhenverstellung fahre ich rauf und runter, bis ich die für mich passende Höhe gefunden habe. Dabei baumelt mir der Galgen, die Aufstehhilfe, vor dem Gesicht herum. Selbst die Liegefläche kann ich elektrisch verstellen. Das Bett ist für mich etwas zu schmal und die Bettwäsche zu steif. Sie legt sich wie Pappe auf meinen Körper. Dummerweise habe ich vergessen, meine eigene bunte Kuschelbettwäsche einzupacken. Ich vermisse sie schon jetzt. Michael wird mir später erzählen, dass er zu groß ist für das Bett und sich zwischen Kopf- und Fußende klemmen muss. Neben dem Kopfende ist ein Nachttisch in gleicher Holzoptik an das Bett montiert. Ein Stuhl und ein kleiner Tisch im selben Design vervollständigen die Einrichtung. Das gesamte Zimmer, bis auf die Nasszelle rechts neben der Zimmertür, ist mit Vinyl ausgelegt, in naturidentischem Holzdesign.

Tür an Tür mit Frau Winter

Ich muss kurz eingeschlafen sein. Mein Mund fühlt sich trocken an. Die Gebäudehülle scheint luftdicht isoliert, so dass ich mich fühle wie in einer Thermoskanne. Ich atme tief durch und rieche den typischen Geruch, den neue Häuser und neue Möbel ausdünsten. Die beige Markise hat in der Zwischenzeit das Fenster wieder freigegeben. Ich bemerke, dass die Zimmertür offen ist und vor meinem Fenster eine Frau steht. Nein, sie steht nicht, sie läuft in kleinen Schritten auf der Stelle. In ihrer viel zu großen Hose bewegen sich die dünnen Beine wie bei einer Marionette. Sie schaut nach draußen. Ich grüße sie leise, um sie nicht zu erschrecken. Keine Reaktion. Sie läuft weiter, so als ob sie auf einen Impuls wartet, der ihr eine neue Richtung weist. Vielleicht ist es auch anders und sie spaziert in den Garten hinaus, geleitet durch ihre inneren Bilder. Mein Hund erscheint in der offenen Tür und geht geradewegs auf die Dame zu. Sie kennen sich bereits. Ich vermute, dass mein unerwarteter Besuch Frau Winter von nebenan ist. Emma schnüffelt an ihrer Hand. Die kalte Hun-

Vielleicht ist es auch anders und sie spaziert in den Garten hinaus, geleitet durch ihre inneren Bilder.

Praxistipp: Gemüsegarten oder Schrebergarten

Der Gemüsegarten ist der Gartentyp, der am stärksten identitätsstiftend wirkt. Jedenfalls gilt das für die Generationen, die aktuell in Pflegeeinrichtungen leben. Viele alte Menschen haben früher ihr Gemüse und Obst selber angebaut. Selbstversorgung war für die meisten nach dem Zweiten Weltkrieg eine Überlebensnotwendigkeit. Tätigkeiten rund um Obst und Gemüse, wie Gemüse aussäen, pflegen, ernten und haltbar machen, prägten den Jahreslauf. Gemüse und Obst sind sogenannte Biographiepflanzen, Pflanzen, die ein Menschenleben begleitet haben. Für den einen sind es die Bohnen, für die andere der Kohl. Solange alte Menschen noch in ihrem eigenen Zuhause leben, ist die gärtnerische Aktivität immer noch hoch. Irgendwie schaffen sie es, die Gartenarbeit und besonders den Anbau von Gemüse zu leisten, manchmal mit Unterstützung jüngerer Familienmitglieder oder von Menschen aus der Nachbarschaft oder indem die Beete kleiner wurden. Mit dem Umzug in ein Pflege- oder Seniorenheim bricht diese identitätsstiftende Aktivität und gärtnerische Teilhabe abrupt weg. Wenn überhaupt, beschränkt sich das gärtnerische Tun auf die Versorgung einiger Zimmer- oder Balkonpflanzen. Umso wichtiger ist die Anlage eines Gemüse- oder Küchengartens in einem Pflegeheim. Und sei er noch so klein, eine Rhabarberstaude, Kopfsalat und ein paar Kohlrabi finden überall Platz. Ein Stück Rasen, am besten in der Nähe der Küche, umgraben und vielleicht erst mal mit einem Gemüsebeet beginnen. Oder ein kleines Gewächshaus aufstellen. Hier tut es auch ein Foliengewächshaus. Folienhäuser benötigen kein Fundament, sind günstiger in der Anschaffung und der Aufbau ist einfacher als bei einem Glashaus. Zu beziehen sind sie im Fachhandel. Und sollte zu viel Gemüse geerntet werden, ist ein Gemüsekiosk sicherlich eine gute Möglichkeit, das Gemüse an Mitarbeitende, Angehörige oder Nachbarinnen und Nachbarn weiterzugeben. Egal, welche Variante gewählt wird, es lohnt sich, beim Anbau auf die Ratschläge der alten Menschen zu hören. Auch im Gemüsegarten müssen ausreichend Sitzmöglichkeiten und Sonnenschutz vorhanden sein.

deschnauze scheint ihr einen Impuls zu geben, denn sie dreht sich vom Fenster weg und steuert auf mich zu. Mit wenigen Schritten ist sie an meinem Bett, bleibt vor mir stehen und schaut in meine Richtung. Sie sieht durch mich hindurch. Mit unseren Augen werden wir nicht zueinander finden.

Ihr Gesicht ist unbewegt, mit durchsichtiger Haut überzogen, wie Pergamentpapier, das zu reißen droht. Ihr Mund ist halb geöffnet, sie atmet stoßweise und ihre kurzen Haare kleben in dünnen Strähnen an ihrem Kopf. Sie duftet nach Nivea-Creme, die auf ihrem Gesicht glänzt. Wie ich wohl für sie rieche?

Ich sitze auf meinem Bett, etwa eine Armlänge von ihr entfernt. Da Frau Winter eine kleine Frau ist, begegnen wir uns auf Augenhöhe, ich sitzend und sie stehend. Wir verharren für einen Moment in dieser Bewegungslosigkeit, bis Frau Winter ihre Hand nach mir ausstreckt und kurz über meinen Oberarm streichelt. Für eine Millisekunde sind wir im Kontakt, denn man kann eine andere Person nicht berühren, ohne selbst berührt zu sein. Nach dieser kleinen Streicheleinheit verlässt Frau Winter mit hölzernem Schritt mein Zimmer durch die offene Tür. Im Laufe des Projekts werde ich noch lernen, meine Zimmertür besser abzuschließen, wenn ich keinen unerwarteten Besuch bekommen möchte. Vor allem nachts.

Gemüsegarten

Praxistipp: Schnittblumen aus dem Bauerngarten

In einem Bauerngarten trifft man auf alte Bekannte wie beispielsweise Tränendes Herz (*Dicentra* oder *Lamprocapnos*), Stockrosen *(Alcea)*, Nelken *(Dianthus)*, Astern *(Aster)*, Schafgarbe *(Achillea)*, Pfingstrosen *(Paeonia)*, Flammenblume oder Phlox *(Phlox)*, Schwertlilien *(Iris)*, Taglilien *(Hemerocallis)* oder Margeriten *(Leucanthemum)*. Auch eine ganze Reihe einjähriger Sommerblumen zählt zu den typischen Bauerngartenpflanzen, beispielsweise die Duftwicke *(Lathyrus odoratus)*, die wunderbar den Gartenzaun berankt. Ebenso wenig fehlen dürfen Ringelblumen *(Calendula)*, Zinnien *(Zinnia)*, Schmuckkörbchen *(Cosmos)*, Löwenmäulchen *(Antirrhinum)* oder Levkojen *(Matthiola)*. Einjährige Blumen haben den Vorteil, dass sie gemeinsam im Frühjahr ausgesät und bis zur Auspflanzung nach draußen betreut werden können. Die genannten Stauden und Einjährigen eignen sich auch als Schnittblumen.

Nelkenvielfalt

Wenn der Platz für einen Bauerngarten fehlt, lässt sich sicher ein kleines Beet für Schnittblumen unterbringen. Besonders interessant sind Stauden, die getrocknet werden können oder deren Samenstände sich floristisch nutzen lassen. Schafgarbe *(Achillea)*, Kugeldistel *(Echinops)*, aber auch Hopfen *(Humulus lupulus)* und Gräser wie Plattährengras *(Chasmanthium latifolium)* und Zittergras *(Briza)* eignen sich für einen Trockenblumenstrauß. Eine der bekanntesten Blumen für Trockensträuße der Achtzigerjahre des letzten Jahrhunderts war sicherlich der blaue Strandflieder *(Limonium latifolium)*. Ein Beet mit Strandflieder und der intensiv duftenden, purpurroten Rose 'Rose de Resht' lässt bei älteren Menschen Erinnerungen aufleben.

Pflegetipps für Schnittblumen in der Vase:

- Blumen immer mit einem Messer circa drei Zentimeter oberhalb des Stielendes schräg anschneiden
- Blätter, die ins Wasser reichen, vom Stiel entfernen
- Blumen in eine saubere Vase mit frischem Wasser stellen, das Wasser am besten täglich wechseln
- Vasen nicht in volle Sonne, Durchzug oder in die Nähe der Heizung oder anderer Wärmequellen stellen
- Blumen nicht neben Obstschalen mit reifenden Früchten platzieren

Zwischen Blechkuchen und Rollatoren

Das Begrüßungsfest findet in der Cafeteria statt. Es ist kurz vor 16 Uhr und der Raum ist bereits gut gefüllt. Die Bewohnerinnen und Bewohner sitzen jeweils zu sechst an den Tischen, alle vor einer Tasse Kaffee und einem Stück Blechkuchen. Manche werden von Angehörigen begleitet. Die hinteren Plätze sind von der Nachbarschaft und Mitgliedern der Gemeinde belegt. Zwischen den Tischen laufen Mitarbeiterinnen und Mitarbeiter mit Kaffeekannen hin und her. Weitere Bewohnerinnen und Bewohner werden in den Raum begleitet oder kommen mit ihren Rollatoren selbständig dazu. Für die Gehwagen wird es langsam eng vor der Cafeteria, die Abstellmöglichkeiten reichen nicht aus. Das sorgt für allerlei Unruhe, wie jede Parkplatzsuche für Unmut sorgt. Letztendlich finden alle einen Platz. Die Stühle, mit Armlehnen und apricotfarbenen Polstern ausgestattet, sind so schwer, dass die alten Menschen, einmal sitzend, nicht selbständig wieder aufstehen können.

Frau Bölter, mit einem Teller voller Blechkuchen in der linken Hand, schlängelt sich durch die Tische nach vorne. Mit der Rechten rückt sie im Vorbeigehen den Stuhl von Frau Vogel zurecht, begrüßt einen Herrn mit weißem Priesterkragen und stellt den Kuchen auf einen der vorderen Tische ab. Sie hat die legere Kleidung, in der sie den ganzen Tag durch das Haus gesaust ist, durch ein dunkelblaues Kostüm ersetzt. Nur das Handy baumelt noch an ihrem Gürtel. Frau Bölter spricht über ein Mikrofon, da sonst die gut gefüllte Cafeteria mit ihrer niedrigen Deckenhöhe jedes Wort schlucken würde.

Interesse und Engagement auch nach dieser langen Phase des Umbruchs und des Neuanfangs

«Liebe Bewohnerinnen und Bewohner, liebe Angehörige, liebe Nachbarn und liebe Gemeindemitglieder. Mein Team und ich begrüßen Sie herzlich. Ganz besonders möchte ich heute unseren Herrn Pastor Löffler begrüßen. Und natürlich Frau Kreuer und ihr Team. Ich freue mich, dass Sie so zahlreich erschienen sind. Nicht alles ist in den letzten zwei Jahren so glatt gelaufen, wie wir es gerne gehabt hätten, und es galt, die eine oder andere Hürde zu nehmen, umso mehr freue ich mich, dass Ihr Interesse und Engagement auch nach dieser langen Phase des Umbruchs und des Neuanfangs ungebrochen ist.» Frau Bölter skizziert noch einmal die einzelnen Stationen der Bauphase und des Umzugs, berichtet vom anstehenden Gartenprojekt und bedankt sich für die finanzielle Unterstützung durch den Förderverein. Zum Abschluss lobt sie ihre Mitarbeitenden und überlässt mir das Mikrofon. Auch ich grüße in die Runde, stelle mein Team vor und bedanke mich für die Einladung. Ein paar Worte zu meiner Person und dass wir für die Dauer des Projekts mit in St. Elisabeth wohnen, soll als Information zu Beginn erst mal ausreichen.

Praxistipp: Gestaltung eines Gartenmittelpunkts

Jeder Garten braucht eine Mitte oder ein Zentrum, das nicht zwangsläufig in der geografischen Mitte der Fläche liegen muss, um als strukturiert wahrgenommen werden zu können. Ein Mittelpunkt hilft, sich zu orientieren.

Stellen wir uns eine unbekannte Stadt vor: Wir erleben sie als übersichtlicher, wenn wir uns an einem Punkt orientieren können, an einer Kirche, einem Marktplatz oder lediglich am Hinweisschild «Zentrum». Hier beginnt die Erkundungstour, zu deren Ausgangspunkt wir sicher wieder zurückfinden.

Ebenso verhält es sich in einem Garten für Menschen mit Demenz: Eine gestalterisch akzentuierte Gartenmitte kann die Orientierungsfähigkeit stützen. Aus dieser Mitte heraus kann der Garten in Ruhe betrachtet werden, bevor es vielleicht auf Erkundungstour geht.

Die Gestaltungsmöglichkeiten sind vielfältig: beispielsweise ein großer kreisförmiger Platz, mit einer Trockenmauer eingefasst, ein Hausbaum mit Bank oder wie in St. Elisabeth die Obstwiese mit der großen gepflanzten Jahreszeitenuhr.

Gestaltung eines Gartenmittelpunkts

Frau Vogel und die Laubenpieper

Wichtiger ist es mir, Interesse und Neugier für das Gartenprojekt zu wecken. «In den nächsten Wochen werden wir zusammen den Garten anlegen. Es wird einen kleinen Bauerngarten geben mit Phlox, Astern, Nelken, Stockrosen, Brennender Liebe, Taglilien, Hortensien, Sonnenhut und all den altbekannten Bauerngartenstauden. Ihnen fallen sicherlich noch viel mehr Bauerngartenpflanzen ein.» Tatsächlich wird es unruhig im Raum. Den Seniorinnen und Senioren fallen viele Stauden ein, die sie alle gerne aufzählen wollen. Kurzerhand rufen sie die Namen einfach in den Raum. Allen voran Frau Vogel. Sie kennt sich im Thema bestens aus, sagt sie: «Ick war mein Leben lang Laubenpieper, wa. Fröhliche Eintracht hieß der Verein, direkt bei mir in Kreuzberg umme Ecke. Alles wurde dort anjebaut. Waren ja früher nur Gärten für die Armen, wa. Gab ja nix zu koofen damals. Kohl und Kartoffeln ham wa jepflanzt. Später dann auch Blumen. All die kleenen roten Dinger, die immer wieder kommen. Na, wie heeßen die kleenen noch?» Frau Vogel denkt nach. Währenddessen rufen Bewohnerinnen und Bewohner und Angehörige Namen von Stauden und Blumen wild durcheinander. Ich warte ab, bis alle ihr Wissen über die bekanntesten Bauergartenstauden erschöpfend mitgeteilt haben.

«Kohl und Kartoffeln ham wa jepflanzt. Später dann auch Blumen.»

«Auf die große Fläche in der Mitte des Gartens pflanzen wir Apfelbäume», berichte ich nun. Ohne dass ich es beabsichtigt habe, ist das Wort Apfelbaum eine neue Einladung zur Teilhabe. Diesmal rufen mir die Zuhörerinnen und Zuhörer Apfelsorten zu. Alte Apfelsorten wohl gemerkt.

Die eine oder der andere weiß auch etwas über den Geschmack, das Aussehen oder die Lagerfähigkeit zu sagen. Frau Vogel kennt sich auch mit Äpfeln aus, «den Hasenkopf ham wa anjebaut, wa. Die sehn aus wie kleene Hasenköppe. Schmecken aber juut.» Weitere kleine Apfelgeschichten werden von den Anwesenden zum Besten gegeben, bis auch dieser Teil des Gartens ausreichend besprochen ist.

Ähnlich verhält es sich mit dem geplanten Gemüsegarten. Ich brauche nur eine Gemüsesorte vorgeben und die Liste wird zuverlässig vervollständigt.

Bevor ich mit dem Bericht über die geplanten Gartenbereiche weiteres Pflanzenwissen wachrufe, erzähle ich etwas über unsere Zusammenarbeit. Denn die Pflanzen wollen ja nicht nur in der Erinnerung existieren, sondern möchten Wurzeln schlagen. «Morgen früh fangen wir damit an, den Boden zu hacken und Pflanzerde einzuarbeiten, so dass ein schönes Pflanzbett entsteht und die Stauden gut anwachsen können. Ich habe Ihnen als kleinen Vorgeschmack verschiedene Gartenwerkzeuge mitgebracht, mit denen wir die Erde auflockern.» Zu Anschauung lädt Michael unsere Gartenhacken in die Schubkarre und fährt damit durch die Reihen.

Eine Dame in den hinteren Reihen zeigt Interesse an den Hacken. Als Michael an ihr vorbeikommt, streckt sie kurz und zackig ihre Hand aus, berührt den Stiel einer Rübenhacke und streicht mit einer kaum wahrnehmbaren

Praxistipp: Gartenräume

Die Gestaltung jedes Gartens sollte einer Idee folgen. Ist die Fläche klein, kann der ganze Garten einem Thema gewidmet sein, beispielsweise Bauerngarten oder Obstgarten. Größere Gärten sollten in Gartenräume unterteilt werden, die jeweils unter einer Überschrift stehen: Bauerngarten, Kräutergarten, Teegarten, Schnittblumengarten, Obstgarten, Rosengarten, Weinberg, Dufthügel, Uferlandschaft, Gebetsgarten, um nur einige Möglichkeiten zu nennen.

Es geht nicht um die Größe eines Gartens, sondern um die Nähe zu unseren Herzen, um die Bedeutung für jeden Einzelnen von uns. Deshalb ist es wichtig, an die Erfahrungen der Bewohnerinnen und Bewohner anzuknüpfen, damit diese sich zumindest in Teilräumen wiederfinden. Folgt die Anordnung der Gartenräume einem übergreifenden Konzept, kann der Garten als Ganzes erfahren werden und nachhaltig berühren.

Gartenräume: Bauerngarten

Praxistipp: Werkzeugkauf

Unsere Werkzeuge kaufe ich, wenn möglich, gebraucht auf Flohmärkten, bei Wohnungsauflösungen oder auf Antikmärkten. Mit ein wenig Patina erinnern sie an das eigene Gartenwerkzeug von früher. Rote, blaue oder grüne Kunststoffstiele gibt es in meinem Sortiment nicht.

Mittlerweile gibt es eine ganze Reihe ergonomischer Gartenwerkzeuge im Handel mit beispielsweise längeren Stielen oder zusätzlichen Haltegriffen. Ob diese Geräte hilfreich sind und zur Anwendung kommen, muss individuell entschieden werden.

Bewegung über das Eisenblatt des Werkzeugs. Ebenso zackig dreht sie sich wieder weg, verschränkt die Arme vor ihrer Brust und streckt ihr Kinn in die Höhe. Sie schließt ihre Augen und schweigt. Später werde ich erfahren, dass sie Frau Bauer heißt und eine ganz besondere Verbindung zum Hacken von Rüben hat.

Wie den Angehörigen der Garten schmeckt

Mittlerweile sind einzelne Bewohner auf ihren Stühlen eingeschlafen oder werden unruhig, weil sie zur Toilette müssen. Tariq und Darina sind alleine für die Begleitung der Toilettengänge verantwortlich, denn die wenigen zur Verfügung stehenden Pflegekräfte müssen die Abendmedikation stellen, Pflegedokumentation führen und die bettlägrigen Bewohner versorgen. «Mombretien heißen die Kleenen, jetzt wees ick et wieder. Mombretien, die hab ick jeliebt», ruft Frau Vogel in den Raum hinein. Eine andere Dame steht auf und ergreift das Wort: «Schönen guten Tag, mein Name ist Frau Arnold und mein Mann lebt schon seit vielen Jahren in St. Elisabeth. Früher hätte er sicherlich mithelfen können bei den Arbeiten, von denen Sie da erzählen. Aber heute kann er nicht mehr mit der Hacke arbeiten, das ist viel zu schwer für ihn.» Während Frau Arnold fürsorglich über den Kopf ihres Mannes streichelt, erkläre ich ihr, dass Zuschauen und «mit dabei sein» genauso wichtig sind, wie selber Hand anzulegen. Über die Fähigkeiten von Herrn Arnold werden wir uns alle noch wundern.

Ich skizziere unser weiteres gärtnerisches Vorgehen, als sich eine junge Frau zu Wort meldet. Mit leicht näselnder Stimme sagt sie: «Grüß Gott, ich bin die Enkeltochter von Frau Baumann. So wie ich mich erinnere, hat sich meine Großmutter nie etwas aus Gartenarbeit gemacht. Sie mag es nicht, wenn ihre Finger schmutzig werden. Als ich klein war, hatten wir immer eine Gärtnerin, meine Großmutter musste nicht arbeiten, Sie verstehen, was ich meine. Was können Sie außer Gartenarbeit meiner Großmutter sonst noch zur Beschäftigung anbieten?» «Ich durfte Ihre Großmutter bereits kennenlernen und ich bin mir sicher, dass wir sie gut in unser Projekt einbinden können», antworte ich. «Und eine Gärtnerin hat sie ja jetzt auch wieder.» Frau Baumann sitzt mit gesenktem Kopf neben ihrer Enkeltochter. Ob sie spürt, dass wir über sie sprechen? Mit jedem Wort, das wir wechseln, sacken ihre Schultern nach unten. Ihr Kopf fällt langsam nach vorne, so dass sie nicht mehr geradeaus schauen kann, ohne den Kopf in den Nacken zu legen. Was sie dann auch nicht mehr tut. An einem der vorderen Tische hat sich eine Familie niedergelassen, in ihrer Mitte sitzt ein alter Herr. Die Familie, bestehend aus Vater, Mutter und zwei kleinen Töchtern, unterhält sich angeregt miteinander. Der alte Mann ist Teil dieser Unterhaltung, obwohl er kein Wort sagt. Auf Fragen antwortet er nicht, aber er blickt den Fragenden offen ins Gesicht. Es ist ein kleiner Mann, ungefähr

Seine Wangen leuchten wie rote Äpfel und um seine Augen reihen sich kleine Lachfalten.

Unterhaltungspflege am Beispiel eines Gartens von rund 1600 Quadratmeter, zeitlicher Aufwand in Stunden pro Jahr

Maßnahme	Fläche gesamt	Einheit	Zeitaufwand pro Einheit	Arbeitsgänge pro Jahr	Zeitaufwand gesamt pro Jahr
Rasenpflege einer Sport- und Spielrasenfläche					
Schnitt	600	100 qm	24 min	18	43,2 Std
Düngung	600	100 qm	10 min	4	4 Std
Sonstiges	600	10 qm	2 min	1	2 Std
Gehölzschnitt					
Sträucher als frei stehende Hecke	160	qm	13 min	2	70 Std
Hecken *Carpinus betulus* H = 200 cm	100	qm	15 min	3	75 Std
Bäume Halbstamm Obst	6	Stück	45 min	1	4,5 Std
Rosen/ Obststräucher	60	qm	3 min	1	3 Std
Pflege von Beeten mit Bodendeckern und Stauden					
Lockern, Hacken	140	qm	4 min	4	37 Std
Durchputzen	140	qm	5 min	2	23 Std
Sonstiges	140	qm	3 min	1	7 Std
Pflanzenschutz					
Rosen, Obst Schädlinge/ Pilz	60	qm	1 min	10	10 Std
Düngung Gehölze, Rosen, Obst	320	qm	1min	1	5,2 Std
Laub entfernen		qm		bei Bedarf	25 Std
Schnee räumen		qm		bei Bedarf	25 Std
Pflege der Wege					
wassergebundene Decke	160	10 qm	10 min	bei Bedarf	2,6 Std
Pflaster	520	10 qm	10 min	bei Bedarf	8,6 Std
Rasengitter	30	10 qm	10 min	bei Bedarf	0,5 Std
					345,6 Std

Tab. Kreuer, U. (2018): Kosten und Fördermöglichkeiten von Freiflächen und Gärten; Barrierefreie Bau- und Wohnkonzepte. Kap. 2.9.2. Forum Verlag Herkert

1,60 Meter groß, mit vollem Haar und weißem Stoppelbart. Seine Wangen leuchten wie rote Äpfel und um seine Augen reihen sich kleine Lachfalten. Er trägt einen blauen Trainingsanzug und weiße Turnschuhe. Den linken Arm hat er in Gips. Eines der kleinen Mädchen, ungefähr sechs Jahre alt, klettert auf seinen Schoß und bemalt mit bunten Filzstiften seinen Gipsarm. «Ich möchte kurz etwas sagen», meldet sich der Vater der Familie zu Wort. «Mein Name ist Pietsche und ich freue mich sehr für meinen Vater, dass es bald einen großen Garten geben wird.» Weiter kommt er nicht, denn die andere Tochter stopft ihm Blechkuchen in den Mund. Sie quietscht vor Vergnügen und versteckt sich unter dem Tisch.

Frau Schneiders und die Gartenpflege

An der Wand, neben dem Eingang, lehnt eine etwa 70-jährige Frau. Sie hat noch ihre Jacke an und es sieht so aus, als sei sie nur auf einen Sprung vorbeigekommen. «Ich wohne direkt nebenan in dem rot verklinkerten Haus mit der Doppelgarage», erzählt sie hastig. «Mich würde mal interessieren, wer den Garten später pflegt. Der muss doch gepflegt werden. So ein großes Grundstück kann der Hausmeister doch nicht alleine in Ordnung halten. Es wäre doch eine Schande, wenn der Garten verkommt, nur weil keiner Zeit hat, ihn zu pflegen. Der muss doch gepflegt werden.» Einige Angehörige und Mitarbeitende nicken zustimmend. Auf die Frage habe ich gewartet. Denn ein nachhaltiges Grünpflegekonzept ist aktuell eines der wichtigsten Themen, wenn es um hochwertige Gartengestaltung in Altenheimen geht. Vor fünfzehn Jahren war die brennendste Frage die nach einer Finanzierung. «Gärten sind ja schön und gut, aber wir haben gerade andere Probleme,» war damals die häufigste Reaktion der Verantwortlichen. Zum Glück wächst seitdem das Wissen über die positive Wirkung von Gärten stetig, was die Bereitschaft und den Willen zur Finanzierung fördert.

Ein nachhaltiges Grünpflegekonzept ist eines der wichtigsten Themen.

Da das Thema Finanzierung in St. Elisabeth bereits abgeschlossen ist, brauche ich es in diesem Zusammenhang natürlich nicht mehr aufzugreifen. Für die Nachbarin finde ich andere Worte: «Sie haben vollkommen recht, Frau …?» «Schneiders, Schneiders ist mein Name. Wir wohnen seit 45 Jahren hier in der Straße. Mein Mann ist vor drei Jahren verstorben, seitdem muss ich mich alleine um alles kümmern, deswegen weiß ich, wie viel Arbeit ein Garten macht», antwortet sie mit lauter Stimme. «Gut, dass Sie das ansprechen, Frau Schneiders. Ja, ein Garten will gepflegt werden, da haben Sie vollkommen recht. Und das haben wir während der Planung des Projekts bereits berücksichtigt. Zum einen wird eine neue Stelle geschaffen, ein sogenannter Minijob, unterstützt vom Förderverein und anderen regelmäßigen Spenden. Wir konnten bereits jemanden für diese Aufgabe finden. Herrn Meinzer, Vater einer Mitarbeiterin. Er hat einen grünen Daumen und wird ab Mai die Grünpflege übernehmen. Beim Projekt wird er auch dabei sein.

Praxistipps: Grünpflegekonzept – Strukturfindung

Erster Schritt: Einladung zum ersten Treffen aller potenziellen Grünpflegerinnen und Grünpfleger, das können sein: Bewohnerinnen und Bewohner, Mitarbeiterinnen und Mitarbeiter, Nachbarn, Angehörige, ehrenamtlich Tätige. Die Initiative und Einladung dazu könnte beispielsweise von der Einrichtungsleitung, dem Träger, den Beschäftigten oder Angehörigen kommen.

Zweiter Schritt: Aufteilung der Tätigkeiten, entsprechend des ermittelten Aufwands, nach Interesse, Fähigkeit und Neigung.

Folgende Arbeitsbereiche sind möglich:

- Werkzeugpflege und Kompostierung
- Beetpflege
- Bewässerung und Düngung
- Wiesenmahd und Rückschnitt der Stauden und Sträucher
- Ernte, Aussaat, Pflanzung

Dritter Schritt: Verbindliche Übernahme der jeweiligen Tätigkeit und Festlegung einer Vertretung. Am besten schriftlich festhalten und in der Hauszeitung oder anderen internen Organen mitteilen.

Weitere Fragen, die behandelt werden sollten:

- Welche Tätigkeiten werden an Fachfirmen ausgelagert? Das könnte beispielsweise beim Baum- und Heckenschnitt sinnvoll sein.
- An welchen Fortbildungen, Kursen oder Vorträgen können die Verantwortlichen teilnehmen?
- Welche Finanzmittel stehen zur Verfügung und welche Fördermittel können akquiriert werden?
- Gibt es einen Förderverein?

Es müssen regelmäßige Treffen aller Beteiligten stattfinden. Den zeitlichen Rahmen dazu kann der Jahreskreis geben: an Lichtmess, Ostern oder Frühlings-Tagundnachtgleiche, Walpurgisnacht, Johannistag oder auch Sommersonnenwende, Maria Himmelfahrt, Erntedank oder Herbst-Tagundnachtgleiche, Allerheiligen.

Zu diesen Treffen lädt jeweils die Einrichtungsleitung oder eine andere vorher bestimmte Person ein.

Zum anderen werden die Mitarbeiterinnen und Mitarbeiter von St. Elisabeth während der Projekttage von mir geschult. Das heißt, ich zeige ihnen Gartenarbeiten, die sie gemeinsam mit den Seniorinnen und Senioren rund um das Jahr machen können. Darüber hinaus werden die einzelnen Hausgemeinschaften für bestimmte Bereiche im Garten die Verantwortung übernehmen. So könnte beispielsweise die Hausgemeinschaft Kaiserstraße für das Rasenmähen mit dem Spindelmäher zuständig sein. Immer als Team wohlgemerkt, Beschäftigte gemeinsam mit Bewohnerinnen und Bewohnern. Und was die Teams nicht schaffen, wird nach Absprache Herr Meinzer übernehmen. Besonders erfreulich ist, dass St. Elisabeth eine Förderung für eine Weiterbildung in Gartentherapie und Gesundheitsförderung bekommen konnte.

Direkt im Anschluss an das Projekt biete ich diese Weiterbildung hier im Garten an.

Direkt im Anschluss an das Projekt biete ich diese Weiterbildung hier im Garten an und es können alle Interessierten aus dem Kreis der Beschäftigten und ehrenamtlich Tätigen daran teilnehmen. Was gibt es sonst noch? Ach ja, ich habe einen Gartenkalender für diesen Garten entwickelt, darin steht genau beschrieben, was wann wie getan werden kann oder muss. Dieser Kalender liegt in jeder Hausgemeinschaft aus. Ich glaube, das war alles, oder fehlt etwas Frau Bölter?»

Frau Bölter schüttelt den Kopf und Frau Schneiders ist sichtlich zufrieden. Sie verspricht, an den Gartentagen vorbeizukommen, und entschuldigt sich zugleich, dass sie schon wieder gehen müsse. Da es keine weiteren Fragen gibt, knüpfe ich an die Beschreibung des Projekts an. «Wie gesagt, diese Woche beginnen wir mit den Bodenarbeiten, Anfang nächster Woche werden die Stauden, Kräuter, Bäume und Sträucher geliefert und dann wird gepflanzt. Sie haben Ihre beachtlichen Pflanzenkenntnisse ja bereits unter Beweis gestellt. Und damit wir alle eine Vorstellung davon haben, wie die Pflanzen aussehen, möchte ich Ihnen ein paar Dias zeigen.» Tariq baut vorne die Leinwand auf, während ich hinten den Diaprojektor in Position bringe. Für Tariq ist es bestimmt die erste Begegnung mit einem Diaprojektor, und eine Diashow anzuschauen, ist sicherlich Retro für ihn. Er war immerhin erst sechs Jahre alt, als 2005 Agfacolor, der Pionier der Farbfilmfotografie, Insolvenz anmeldete. Der junge Mann ist in einer digitalen Welt aufgewachsen. Für die Seniorinnen und Senioren sind Dias ein Stück ihrer Geschichte. Sie sind groß geworden in einer Zeit, in der die Farben in die Fotografien und auf die Kinoleinwände einzogen. Dias sind alte Bekannte und als solche möchte ich die Bilder der Pflanzen präsentieren. Ich zeige sie in jahreszeitlicher Reihenfolge, beginnend im Frühling. Schneeglöckchen, Winterling und Krokusse machen den Anfang. Dicht gefolgt von Blausternchen, Märzenbecher und Narzissen. Nach den Duftveilchen zeige ich Bilder von Tulpen und Forsythien. Mit den Forsythien sind wir in der aktuellen Jahreszeit angekommen, sie sind ein Vorgeschmack auf das Osterfest. «Bei den Forsythien fällt mir wat janz Wichtiges ein,

'Rose de Resht', eine stark duftende, öfter blühende Damaszener-Rose

wa», ruft Frau Vogel dazwischen. «Wenn die blühn, musste die Rosen zurückschneiden, dann is det optimal vonner Zeit her.» Frau Vogel kennt sich wirklich gut aus. Wir reisen Dia für Dia durch das Jahr und mit jedem Bild geben die Anwesenden einen neuen Gartentipp oder eine Geschichte zum Besten. Bei Pfingstrosen, Bartnelken und Hortensien wird einstimmig entschieden, dass der Mai die schönste Jahreszeit ist.

Herr Seidel und der Duft der Rosen

Das Meinungsbild ändert sich aber schlagartig mit der nächsten Diareihe, den Rosen. «Der Königin unter den Blumen», wie Frau Arnold anmerkt. Sie erzählt begeistert von Rosenölen, Rosenwasser und Rosensalben und wie sie früher alles selber hergestellt hat. Jemand anderes berichtet beinahe empört über die vielen neumodischen Rosen, die gar nicht mehr duften. Und überhaupt sei ja der Duft das Besondere an Rosen. An den einzelnen Tischen beginnen lebhafte Diskussionen, denn jeder hat seine eigene Dufterfahrung und Rosengeschichte. Ich stehe neben meinem Diaprojektor und freue mich über den regen Austausch.

Sie erzählt begeistert von Rosenölen, Rosenwasser und Rosensalben.

Ein Herr im Rollstuhl wird an den Tisch neben mir geschoben. Er saß die ganze Zeit vorne, jetzt wollte er wohl woanders sitzen. Eine Frau mittleren Alters nimmt ebenfalls an diesem Tisch Platz. Die beiden sitzen schweigend nebeneinander. Der Herr trägt ein blaues Käppi mit der Aufschrift «New York Ranger». Das Käppi ist ihm etwas zu groß, findet aber an seinen Ohren Halt. Ein kariertes Flanellhemd hängt über seinen schmalen Schultern. Er hat den Kopf gesenkt und weint leise. Die Frau berührt unsicher seine Hand und schaut sich im Raum suchend um. Ich frage, ob ich mich zu ihnen setzen dürfe. Mit einem traurigen Lächeln stimmt sie zu. Mein Hund gesellt sich ebenfalls dazu und lehnt sich gegen die Beine des alten Herrn, die in einer kakifarbenen Hose stecken. Der alte Mann lässt unsanft seine Hand auf den Kopf meines Hundes fallen und laut schluchzend schüttelt es seinen mageren Körper.

Mein Hund bleibt still sitzen, sodass die Hand auf seinem Kopf verweilen kann. Die Frau hört auf, die Hand des alten Mannes zu streicheln, und legt ihm ein Taschentuch auf seinen Schoß. Wir sitzen schweigend zusammen, bis das Weinen schwächer wird. Als es ganz verebbt, nickt die Frau mir immer noch traurig lächelnd zu und schiebt den alten Mann in seinem Rollstuhl aus der Cafeteria hinaus. Frau Bölter hat das Geschehen mitbekommen und setzt sich zu mir an den Tisch. Mit leiser Stimme erzählt sie: «Das ist Herr Seidel mit seiner Tochter. Er ist erst seit dem Umzug bei uns. Herr Seidel war leidenschaftlicher Hobbyfotograf und von Beruf Wanderführer. Im gesamten Umland hat er Wanderungen geführt, im Odenwald, in den Vogesen, im Schwarzwald, im Pfälzer Wald. Er kennt sich in der Natur aus. Und Pflanzen liebt er über alles. Ich glaube, Rosen haben es ihm besonders angetan. All das kann er

'Rosa Sternenflor', eine gut duftende, öfter blühende Bodendeckerrose

nicht mehr und das macht ihn unendlich traurig.» In meinem Kopf formen sich sekundenschnell Ideen, wie er im neuen Garten seine geliebten Rosen wieder treffen kann. Dass er draußen sein kann und fotografieren, jeden Tag, wenn er möchte.

In der zweiten Woche unseres Projekts wird mich Frau Bölter zu sich rufen und mir berichten, dass Herr Seidel am Wochenende verstorben sei. Seine Tochter wird sein Zimmer räumen und mich zu sich bitten. Sie wird mir einen Karton voller Pflanzendias aushändigen und mit trauriger Stimme sagen: «Bevor mein Vater starb, hat er mich gebeten, dass ich Ihnen, der Gärtnerin, seine Pflanzendias vermache.» Er scheint gespürt zu haben, dass uns dieselbe Liebe verbindet. Seitdem zeige ich bei allen Vorträgen seine Pflanzenbilder und erzähle seine Geschichte.

Zum Abschluss meiner kleinen Diashow zeige ich Astern, Anemonen und Chrysanthemen. Der letzte Blechkuchen wird vertilgt, Pastor Löffler spricht ein paar Worte über die Kraft des Neuanfangs und Frau Bölter bedankt sich bei allen Anwesenden für ihr Kommen. Irgendwer stimmt das wohl bekannteste deutsche Frühlingslied an, «Im Märzen der Bauer …», und alle singen mit. Stühle werden gerückt, Rollatoren gesucht, nach der Schwester gerufen und nach und nach leert sich die Cafeteria. Was für Außenstehende wie ein ziemliches Durcheinander aussieht, ist ein ganz normaler Ablauf, wenn viele Menschen gleichzeitig Unterstützung brauchen und es zu wenig Unterstützende gibt.

Astern, Anemonen und Chrysanthemen

Verirrt auf den Etagen

Eine kleine Gruppe Bewohnerinnen und Bewohner, angeführt von Frau Vogel, macht sich auf, um ihre Etage zu finden. Sie wollen mit dem Fahrstuhl nach oben. Die Bewohneretagen sind in sogenannten Hausgemeinschaften organisiert. Im alten St. Elisabeth gab es diese Zuordnung noch nicht, das Hausgemeinschaftskonzept wurde erst mit dem Umzug eingeführt.

Früher lagen die Zimmer aufgereiht an langen Fluren, wie es in Krankenhäusern heute noch üblich ist. Und nach diesen langen Fluren scheint die Gruppe zu suchen. Nicht nur die Räume sind neu angeordnet, auch die Verteilung der Bewohnerinnen und Bewohner auf den Etagen und die Gruppenzugehörigkeit sind neu. Da wir auch nach oben möchten, warten wir gemeinsam auf den Aufzug. Frau Vogel lässt sich nicht beirren, als ich ihr versichere, dass ihr Zimmer im Erdgeschoss sei. «Liebchen, keene sorje, ick weiß wo ick wohne», antwortet sie mit lauter Stimme. Auf welcher Etage ihre Begleiterinnen und Begleiter wohnen, weiß ich leider auch nicht. Ich schlage vor, dass wir auf jeder Etage aussteigen und uns umschauen. Während wir auf den Aufzug warten, fällt mein Blick auf die strahlend weiße Wand neben der Aufzugtür. Doch so rein ist die Wand nicht mehr, denn rund um die Aufzugrufknöpfe wurde großflächig mit Kugelschreiber rumgekritzelt. Vielleicht hat sich hier

Abendstunden im Altenheim

jemand seine eigenen Orientierungspunkte gemalt oder es ist der Versuch, den sterilen Flurbereich aufzuwerten.

Bei der Wahl der Tapeten oder Wandfarben sollte man nie die Wahrnehmung, den Geschmack und die Handlungsbereitschaft alter Menschen unterschätzen. Die Wandzeichnung wird im Laufe des Projekts noch beachtlich wachsen und bunter werden. Unsere kleine Truppe klappert eine Etage nach der anderen ab und alle finden ihr Zimmer. Dass Frau Vogel doch im Erdgeschoss wohnt, war ihr von Anfang an klar, sagt sie.

Monika, die mütterliche Präsenz, und Tim, der junge Pfleger

Auf jeder Etage wird das Abendessen zubereitet. Michael und ich gehören zur Hausgemeinschaft Kaiserstraße und werden dort auch zu Abend essen. Hinter dem großen Küchenblock jongliert souverän eine Mitarbeiterin mit Brotscheiben, Wursttellern und Käsebrettern herum. «Hallo, ich bin Monika, die Präsenzkraft hier oben. Ihr habt eben in der Cafeteria einen Vortrag zum neuen Garten gehalten. Ich konnte leider nicht kommen. Hatte zu tun. Freu mich aber auf den Garten. Sucht euch einen Platz aus, es gibt gleich Abendbrot», sagt sie mit ruhiger Stimme und wendet sich den Tellern zu. Monika macht den gleichen Job wie Maite aus dem Erdgeschoss. Sie sind das für die Hausgemeinschaft, was im klassischen Sinn eine Mutter für ihre Familie sein soll. Ständige Ansprechpartnerin und dauernd präsent. Leider ist die Bezahlung sehr schlecht. Das Abendessen begleitet Monika alleine, sie reicht Essen an, hilft beim Trinken, rückt Stühle zurecht und schneidet bei Bedarf harte Kruste von Broten. Monika verliert nicht viele Worte. Sie ist einfach da, wie ein warmer Fels in der Brandung. Dazu trägt nicht nur ihre Fülle bei. Sie hat diese Ausstrahlung, dieses mütterlich Versorgende. Auch ich werde in ihrer Gegenwart ruhig und schmiere schweigend meiner Sitznachbarin Margarine auf ihr Brot. Sie hat mich darum gebeten, indem sie mehrmals ihre Scheibe Graubrot auf meinen Teller gelegt hat. So lange, bis ich verstand, was sie wollte. Monika hat ihre zwölf Bewohnerinnen und Bewohner alle im Blick und ist stets bereit einzugreifen, wenn Hilfe benötigt wird. Natürlich bekommt sie auch die Bemühungen meiner Sitznachbarin mit. Wie sie versucht, mir zu verstehen zu geben, was sie möchte. Monika mischt sich nicht ein, sondern teilt mir kurz mit, dass die Dame neben mir Frau Sommer heißt. Seitdem schmiere ich jeden Abend Margarine auf ihre Brote, die Wurst legt Frau Sommer selber drauf.

«Ihr habt eben in der Cafeteria einen Vortrag zum neuen Garten gehalten.»

Ein junger Pfleger taucht auf. Freundlich, aber bestimmt begleitet er die alten Menschen in ihre Zimmer. «Das ist Tim, unser jüngster Mitarbeiter, eigentlich arbeitet er im ersten OG, wir helfen uns aber gegenseitig aus. Examinierte Pfleger sind selten. Gibt ja kaum noch Nachwuchs, vor allem keine Männer», sagt Monika. Tim presst angestrengt seinen Mund zusammen und auf seinem roten Gesicht sind Schweißperlen zu erkennen. Er muss bis zur

Praxistipp: Sichtachsen und optische Beziehung

Für eine gute Übersichtlichkeit des Geländes sollten die Aufenthaltsbereiche über Sichtachsen miteinander verbunden sein. Von der Terrasse aus muss nicht nur der nächste, sondern auch der übernächste Platz sichtbar sein. Diese optische Zuordnung ist gleichzeitig eine Rückversicherung für Besucherinnen und Besucher: «Wo gehe ich hin, wo komme ich her?» Von den Fenstern aus können die Bewohnerinnen und Bewohner den Blick entlang einer Natursteinmauer oder farblich abgesetzten Wegeinfassung schweifen lassen und sich betrachtend langsam in den Garten vortasten. Die Mauer oder Einfassung sind der «rote Faden» durch den Garten, dem man folgen will. Damit der Garten als Einheit wahrgenommen wird und sich unbewusst ein roter Faden erschließen lässt, werden für die Gestaltungselemente ausschließlich natürliche Materialien verwendet. Sie unterstützen die Wirkung des Gartens als naturnaher Raum und geben ihm auch in der Winterzeit Struktur.

Optische Beziehung zwischen Terrasse und Pavillon

Übergabe alle Bewohnerinnen und Bewohner für die Nachtruhe vorbereitet, Medikamente verteilt und die Pflegedokumentation geschrieben haben. Michael und ich drehen noch eine Hunderunde, besprechen den morgigen Tag und ziehen uns auf unsere Zimmer zurück. Die Nacht ist ruhig, mal abgesehen von zwei Besuchen durch Frau Winter.

Alle an die Arbeit, mal mehr und mal weniger

Das Frühstück nehmen wir in kleiner Runde im Erdgeschoss ein. Die meisten Bewohnerinnen und Bewohner liegen noch in ihren Betten. Am Tisch sitzt ein Herr und schmiert sich stapelweise Brote. Die Mitarbeiterin aus der Frühschicht erklärt mir, dass er sich ein Leben lang seine Brote für die Arbeit selber gemacht hat. Auch in seinem neuen Leben, hier in St. Elisabeth, behält er diese Selbstfürsorge bei. Er bekommt eine Butterbrottüte, packt fein säuberlich seine Stullen in das Papier und macht sich auf den Weg. Auch wir machen uns an die Arbeit. Es ist noch früh, aber draußen läuft schon ein Herr auf und ab. Es ist Herr Schubert aus der Kronenstraße im Erdgeschoss. Maite hat uns erzählt, dass wir ihn mit Sicherheit früh draußen antreffen werden. Herr Schubert vergräbt seine Hände tief in seinen Hosentaschen und läuft mit eingezogenem Kopf auf und ab. Dabei flucht er laut vor sich hin: «Alles scheiße hier, alles scheiße. Was macht ihr denn für einen Mist. Alles Bekloppte.» Herr Schubert ist ein Frühaufsteher und einmal wach, weiß er scheinbar nichts mehr mit sich anzufangen. Jeden Morgen wird er uns begrüßen. Sein Fluchen wird sich von Tag zu Tag verändern. Sehr bald schon wartet er morgens auf uns, die Schubkarren parat gestellt, die Hacken nach Größen sortiert und jedem, der vorbeikommt, wird er stolz von unserer Arbeit erzählen: «Wir pflanzen hier Himbeeren, die klaut keiner. Da pass ich drauf auf, Himbeeren pflanzen wir hier.»

Michael steckt die Fläche ab, wo wir den Bauerngarten anlegen wollen.

Michael steckt die Fläche ab, wo wir den Bauerngarten anlegen wollen. Der Bauerngarten liegt direkt dem Hauptausgang in den Garten gegenüber, sozusagen in der Sichtachse. Wir werden also sofort gesehen, wenn jemand den Garten betritt. Das ist für die ersten Tage eines Projekts sinnvoll, damit jeder mitbekommt, dass draußen etwas vor sich geht.

Zunächst müssen wir den alten Rasenteppich entfernen. Tariq bringt Tische, Stühle, Sitzkissen, warmen Tee und Wasser nach draußen. Michael und ich beginnen, den alten Rasen abzuhacken, und Herr Schubert fährt mit der Schubkarre um uns herum. Um zehn Uhr begleiten Darina und Maite Bewohnerinnen und Bewohner nach draußen, manche werden in ihren Rollstühlen hinausgeschoben oder kommen selbständig raus. So handhaben wir es fortan jeden Tag, um zehn beginnt die gemeinsame Arbeit und dauert bis zum Mittagessen um eins. Nach einer Mittagsruhe bis halb drei sind wir bis um sechs im Garten beschäftigt, um danach hungrig zum Abendessen reinzugehen.

Praxistipp: Gründung einer Gartengruppe

Der Garten bietet rund um das Jahr eine Vielfalt an Begegnungen und Aktivitäten wie beispielsweise die Vermehrung von Stauden oder die Aussaat von Gemüse, das Herstellen von Teemischungen oder Kräuteressenzen, die Planung von Gartenausflügen oder die Veranstaltung von Gartenfesten, der Einkauf von Blumenzwiebeln oder die Auswahl der Balkonpflanzen, das Pressen von Apfelsaft oder das Kochen von Marmelade, den Besuch einer Imkerei oder einer Hühnerfarm. Es hat sich bewährt, nicht nur für die allgemeine Grünpflege, sondern für alles, was im Garten an Aktivität und Begegnung stattfindet, eine übergeordnete Struktur zu implementieren. In einigen Einrichtungen haben sich sogenannte Gartengruppen oder Gartenclubs gebildet. Diese offenen oder zum Teil geschlossenen Gruppen werden von Mitarbeiterinnen und Mitarbeitern aus der Betreuung begleitet oder verwalten sich selbst. Sie übernehmen vielfach auch die allgemeinen Grünpflegeaufgaben.

«Erzähle mir und ich vergesse. Zeige mir und ich erinnere. Lass es mich selber tun und ich verstehe.» Frei nach Konfuzius könnte dies auch für die Gartengruppen bzw. Gartenclubs stehen, die jede Woche zu einem bestimmten Termin die Tore zu ihrem Garten öffnen. Nicht nur die Seniorinnen und Senioren sind angesprochen, auch Angehörige oder Interessierte aus der Nachbarschaft können vorbeischauen. Mal wird gepflanzt, mal gemäht und sehr oft wird auch gebastelt und gehämmert. Häufig wird gemeinsam das Geerntete gekocht oder gebacken und zum Nachtisch gibt's oft noch eine Portion selbst geerntetes Obst! Besonderen Wert sollte in den Gartenclubs auf die Möglichkeit zum freien und selbstbestimmten Umgang mit dem Garten und der Natur gelegt werden. Wer selbst nicht aktiv tätig sein möchte, darf selbstverständlich auch einfach nur schauen, was es Neues im Garten gibt!

Herr Arnold lässt die Muskeln spielen

Die Betreuungsassistentinnen der Wohngruppen, Tariq, Herr Meinzer und einige der Pflegenden stehen uns abwechselnd zur Seite. Am heutigen ersten Tag versammelt sich eine Gruppe von etwa 30 Personen im Garten. Alle wollen sie von Anfang an dabei sein. Im Laufe des Projekts wird sich aus der großen Gruppe der harte Kern herausbilden, die Bewohnerinnen und Bewohner, die sich täglich im Garten beschäftigen.

Frau Vogel stellt sich dicht neben Michael. «Ick kann die jungen Mannsbilder juut leiden und die mich ooch», behauptet sie und lässt sich eine Hacke geben. Vorsorglich stelle ich einen Stuhl direkt neben ihren Arbeitsplatz. Frau Vogel hackt drauflos, den Stuhl nutzt sie aber intensiver als die Hacke. Einige Damen sitzen eingehüllt in Decken und schauen uns zu, andere sind in der Sonne sitzend eingeschlafen.

Drei Männer haben sich Werkzeuge genommen und arbeiten mit. Die Damen beobachten ihre Herren sehr genau und die Männer scheinen zu wissen, dass sie begutachtet werden. Allen voran Herr Arnold. Zu unserer Überraschung legt er sich mächtig ins Zeug und lässt seine Muskeln spielen. Muskeln, von denen seine Frau schon lange nichts mehr weiß. Die Arbeit mit der Hacke oder dem Spaten ist und bleibt eine typische Männerarbeit. In einem Senioren- oder Pflegeheim gibt es für Männer wenige sinnhafte Tätigkeiten, über die sie sich als Mann definieren können. Wieder ein echter Kerl sein, das ist Herrn Arnold im Alltag verloren gegangen. Er kann sich zwar nicht mehr über einen längeren Zeitraum seiner Arbeit widmen und vergisst sehr schnell, womit er sich noch vor wenigen Minuten beschäftigt hat. Aber er genießt die Aufmerksamkeit der Damen, schaut sich immer mal wieder zu ihnen um und hackt auf die Grasnarbe ein. Frau Vogel sagt treffend: «Mannsbilder müssen arbeiten, sonst werden se verrückt.»

Nach getaner Arbeit – Werkzeug einer Gartengruppe

Praxistipp: Geschlechtsspezifische Identifikation oder typische Männer- und Frauenarbeit

Im Pflege- und Betreuungsalltag ist geschlechtsspezifische Identifikation kaum möglich. Bei der Gartenarbeit kann die klassische Rollenverteilung noch einmal sichtbar werden: «Der Mann ist wieder Mann, die Frau ist wieder Frau.» So kann zum Beispiel bei der Anlage von technischen Gartenelementen das Interesse der Männer geweckt werden, wohingegen die vegetationstechnischen Arbeiten wie Rechen oder Beetpflege von Frauen bevorzugt werden. Gerade die für Männer oft interessanten Erdarbeiten finden in der Entstehungsphase statt. Wenn Gartenbaufirmen Arbeiten ausführen, sollten im Vorfeld Absprachen getroffen werden, wann und wie Bewohnerinnen und Bewohner daran teilhaben können. Meine Erfahrung ist, dass Gartenbaufirmen diese Wünsche gerne berücksichtigen. Die Weichen können aber schon viel früher gestellt werden, indem Teilhabe Bestandteil der Ausschreibung ist.

Arbeiten im Garten – Möglichkeit einer geschlechtsspezifischen Identifikation

Frau Baumann flaniert auf Gartenwegen

Jeden Tag treffen wir uns zur gemeinsamen Arbeit im Garten, der harte Kern, ein paar kurzzeitinteressierte Bewohnerinnen und Bewohner, Zuschauende auf den Balkonen, Mitarbeiterinnen und Mitarbeiter aus Pflege und Betreuung, Herr Meinzer, Michael und ich. Bereits nach wenigen Tagen haben wir unseren Rhythmus gefunden. Mit dem Vogelgezwitscher steht Herr Schubert im Garten, dann kommen Michael, Herr Meinzer und ich, die restliche Truppe folgt um zehn Uhr. Frau Baumann gehört, wie Herr Schubert und Herr Arnold, zum sogenannten harten Kern der Gartengruppe. Nur ist sie nicht mit Gartenarbeit beschäftigt, sondern Frau Baumann flaniert durch den Garten. In einem sehr reduzierten Gehtempo schlendert sie die Gartenwege entlang, so als wenn sie nie etwas anderes getan hätte. Frau Baumann ist im Reich der Schönheit beheimatet, ihre Schritte wählt sie mit Bedacht, ihre Bewegungen sind anmutig wie vor 40 Jahren. Sie kleidet sich elegant, legt dezent ein wenig Schmuck an und ist stets frisch frisiert. Hin und wieder unterbricht sie ihren Bummel durch den Garten für einen kleinen Plausch am Wegesrand. Auch wenn ich den Inhalt ihrer Sätze nicht verstehe, spüre ich die brillante Eleganz, mit der sie ihre Worte wählt. Der neue Garten wird zum Spiegel ihrer unvergänglichen Schönheit. An manchen Tagen bringt Maite ihr einen Piccolo-Sekt nach draußen, den Frau Baumann wie Champagner genießt. Sie ist so beschäftigt, dass sie nicht mehr nach den Besuchen ihrer Enkeltochter fragt, auf die sie ohnehin vergeblich gewartet hätte.

Mit dem Vogelgezwitscher steht Herr Schubert im Garten.

Herr Blume, unser Friedhofsgärtner

Unser Projekt läuft bereits seit einigen Tagen, als ein Herr zu mir kommt. Frau Kunze spielt gerade die letzten Töne ihres Walzers und die übrigen Bewohnerinnen und Bewohner sind schon zu Tisch gegangen. Der Herr ist mir schon zu Anfang des Projekts aufgefallen. Mit seinem Rollator kreist er täglich in großen Runden um das Treiben im Garten herum. Aus sicherer Entfernung beobachtet er uns wie ein einsamer Wolf, weitab vom Geschehen. Er trägt eine leicht zerrissene Jeans und ein weinrotes Sweatshirt. Seine Füße stecken in dicken braunen Lederstiefeln. Auf seinem Rollator hat er ein kleines Radio festgebunden, aus dem ununterbrochen Countrymusik scheppert. Nun steht er vor mir, eine hagere Gestalt, leicht gebeugt, sein Gesicht unter dem Schirm einer Schiebermütze versteckt. Mit zitternden Händen klammert er sich an sein Gefährt. Er spricht leise, verschluckt aufgeregt die Worte, verhaspelt sich und beginnt den Satz von Neuem. Ich verstehe ihn nicht, spüre nur seine Angst. Von irgendwoher taucht plötzlich Tim auf. Er stellt sich zu uns, berührt vorsichtig den Arm des alten Mannes, der durch die Berührung langsam entspannt. «Guten Tag, Herr Blume», sagt er mit ruhiger Stimme und zeigt auf die Gartenwerkzeuge, «wollen Sie es vielleicht mal versuchen? Wir sind

Praxistipp: Gestaltung von Gartenwegen und ihr Einfluss auf das Gehverhalten

Nicht nur die Art der Wegeführung – gerade oder gewunden – beeinflusst die Gehgeschwindigkeit, auch die Wegbreite wirkt sich aus. Je breiter ein Weg ist, umso langsamer wird gegangen. Auf Wegen von drei Meter Breite und mehr flanieren die Menschen, anstatt auf ein Ziel zuzusteuern, wie es bei schmalen Wegen der Fall ist. Flaniert wird gemeinsam, man unterhält sich, der Blick geht nach oben und die Spazierenden sind mit der Umgebung verbunden. Auch die Bepflanzung am Wegesrand spielt eine Rolle: Je enger Bepflanzung an den Weg heranreicht und je höher sie ist, umso stärker verengt sie ihn optisch und umso mehr senkt sich der Blick nach unten. Die gleiche emotionale Wirkung hat die Bepflanzung mit dunkellaubigen Sträuchern oder Hecken. Der Mensch wendet sich nach innen. Wege, die in der Nähe von Privatsphären wie Zimmern oder Therapiebereichen entlangführen, sollten immer schmal sein. Weitet sich der Weg nach einer tatsächlichen oder empfundenen Verengung plötzlich wieder, ist die spontane Reaktion, den Kopf zu heben, sich aufzurichten und Kontakt zur Umwelt aufzunehmen.

Wegeführung

Ein harmonischer Wechsel von engen und weiten Wegen hat einen vitalisierenden Einfluss auf die Spaziergänger. Er kann beispielsweise für Menschen mit Antriebsschwäche oder Erschöpfung unterstützend wirken und ihnen ermöglichen, neue Energie zu tanken. Engere Wegstrecken können neugierig machen und jemanden in den Garten locken, der sonst kein Interesse für die Grünanlage aufbringt. Auf schmaleren Wegen wird eher geschwiegen. Die breiten Wege hingegen lenken nicht nur große Besucherströme, sie unterstützen auch die Kontaktaufnahme, sie ermöglichen Begegnung und schaffen Beziehungen. Überall dort, wo Menschen miteinander ins Gespräch kommen sollen und Kontakt im Vordergrund steht, sind breite Wege hilfreich.

jetzt unter uns und wir helfen Ihnen gerne.» Herr Blume stimmt mit einem kaum merklichen Nicken zu. Tim gibt mir eine Hacke in die Hand, nimmt sich selber eine und reicht auch Herrn Blume ein Werkzeug. Wir stellen den Rollator so, dass Herr Blume ihn als Sitz nutzen kann, von dem aus er den Boden hackt. Mir fällt sofort die Kraft in seinen Armen auf und der geübte Schwung, mit dem er das Werkzeug führt. Die Unsicherheit und Angst scheinen mit jeder Bewegung zu schwinden. Von da an kommt Herr Blume jeden Tag in den Garten und am Mittag, wenn alles ruht, scheppert Countrymusik über den Rasen und Herr Blume hackt den Boden. So oder so gehört er fortan zum harten Kern. Später wird mir Tim erzählen, dass Herr Blume zeit seines Berufslebens Friedhofsgärtner war.

Der Bauerngarten nimmt langsam seine typische Form an. Vier gleich große Beete, dazwischen Wege, die ein Kreuz bilden, und in der Mitte ein kleines Rondell. Später werden wir den Bauerngarten noch mit einem klassischen Staketenzaun einfassen. Auch die Auswahl der Bauerngartenpflanzen orientiert sich an alten Regeln. Die Pflanzen, die Karl der Große (742-814) in seiner Landgüterverordnung «Capitulare de villis» zum Anbau vorschrieb, sind noch heute als typische Bauerngartenpflanzen bekannt. Pflanzen haben eine Geschichte, so wie auch jeder Mensch eine Geschichte hat. Sie sind Bestandteil unserer Kulturgeschichte, vielleicht sogar ein Stück Heimat.

Später werden wir den Bauerngarten noch mit einem klassischen Staketenzaun einfassen.

Als ich vor Jahren die ersten Bauerngärten in Seniorenheimen anlegte, war mein Motto: «Das Aufleben von positiven Lebenserinnerungen in einem Jahrhunderte alten Kulturgut.» Nicht nur die Kultur wird bewahrt, sondern die Gärten leisten auch einen wertvollen Beitrag zum Erhalt der biologischen Vielfalt. All das, was beispielsweise ein Rasen-Thuja-Garten oder eine immergrüne Hartlaubformation niemals können.

Frau Bauer in den Runkelrüben

Heute ist der letzte Tag, an dem wir die Flächen bearbeiten, die während der Bauzeit von den Baggern verschont wurden. Noch einen Tag den alten Rasen abhacken und Erde auflockern, dann geht es nächste Woche ans Pflanzen. In der dritten Woche werden die übrigen Beete und ein Bachlauf neben der Terrasse angelegt. Aber eins nach dem anderen. Noch hacken wir. Eine ganz besondere Beziehung zum Hacken hat Frau Bauer, die Dame, die beim Begrüßungsfest über das Eisenblatt der Rübenhacke gestreichelt hat. Frau Bauer spricht seit dem Auszug aus dem alten St. Elisabeth kein einziges Wort. Sie zieht sich seitdem von allem und jedem zurück, wie mir Tim erzählt, der junge Pfleger aus dem ersten Obergeschoss. Dass sie nach draußen will, ist für alle überraschend und auch das Einzige, was sie von sich gibt. Tim begleitet sie, aber kaum weht ein wenig der Wind, wird ihr sofort kalt und sie möchte wieder hinein. Anfangs verbringt sie nur wenige Minuten draußen, aber diese

Calendula-Blüten, der Grundstoff für die Salbe

Praxistipp: Salbe aus Ringelblumen

Selbstgemachte Ringelblumensalbe leistet schnelle Hilfe für trockene Haut. *Calendula officinalis,* so der wissenschaftliche Name, macht die Haut weich und geschmeidig und fördert Heilprozesse bei trockener oder rissiger Haut. Ringelblumen wachsen auf jedem nicht zu feuchten Gartenboden und blühen unermüdlich von Juni bis Oktober. Genug Zeit, um gemeinsam Blütenblätter zu zupfen und schnell eine Salbe herzustellen:

Zwei Esslöffel Butter (besser: Butterschmalz) in einem Topf erwärmen und zerlassen, zwei Esslöffel Ringelblumenblütenblätter zehn Minuten darin schwenken, aber nicht bräunen. Durch ein Sieb abgießen und kalt stellen. Fertig.

Zeit scheint auszureichen, dass sie ihre Sprache wieder findet. Am Ende der ersten Woche erzählt sie uns die Geschichte von den Runkelrüben. Ihre Kinder, die sie oft besuchen, erkennt sie nicht mehr, aber die Zeit auf dem Acker ist ihr präsenter denn je. Gab die Rübenhacke beim Begrüßungsfest vielleicht den Impuls? Ihre Berichte sind anfangs noch bruchstückhaft und zusammenhangslos, aber von Tag zu Tag wird sie eine geübtere Geschichtenerzählerin. Als Kinder mussten sie immer mit auf dem Feld helfen. In die Rüben mussten sie, wie sie sagt. Bereits im April wurden die Rüben ausgesät, erzählt sie stolz. «Meine Geschwister und ich müssen die Samenkörner ganz ordentlich in Reihen auslegen, nicht zu eng, darauf achtet der Vater. Die Rüben müssen ja genug Platz haben und schön wachsen. Wenn sie so groß sind wie Bleistifte, müssen wir sie umpflanzen auf das große Feld. Die Nachbarn helfen auch immer, wir brauchen ja viele Hände. Der Vater mit dem Pflug vorweg und wir mit dem Arm voller Pflänzchen hinterher. Alle 40 Zentimeter eine Rübe in die Furche, nicht zu hoch und nicht zu tief und feste andrücken.» Während sie spricht, deutet Frau Bauer die Bewegungen an. «Das ist so anstrengend, ich bin ja noch klein. Oh weh, wenn ich die Pflänzchen falsch setze, muss ich sie rausziehen und neu pflanzen. Am schönsten ist, wenn Mutti gleich kommt, dann ist Mittagspause. Die Mutti und die Omi haben für uns Brote geschmiert mit dick Schmalz drauf. Dann sitzen wir alle zusammen auf Strohballen und hauen uns die Bäuche voll. Für uns Kinder hat die Mutti immer einen Becher Milch dabei, die Männer bekommen ein Bier. Mein großer Bruder auch, dann lacht er immer so viel. Das ist schön. Abends macht Vati ein großes Feuer und wir singen. Ich kann gar nicht singen», lacht Frau Bauer und gibt eine Kostprobe ihres Gesangs. Später wird sie erzählen, dass sie ihren Fritz beim Rübenhacken kennengelernt hat. Sie seien nach der Schule immer schnell nach Hause gelaufen, um sich dann auf dem Feld heimlich zu küssen.

«Meine Geschwister und ich müssen die Samenkörner ganz ordentlich in Reihen auslegen, nicht zu eng, darauf achtet der Vater.»

Ich überlege mir, in der kommenden Woche Strohballen mitzubringen. Vielleicht hat ja noch jemand Lust, zusammenzusitzen und Brote mit dick Schmalz drauf zu essen. Frau Bauer gehört fortan zum harten Kern der Gartengruppe und irgendwann, ich weiß nicht, wie es sich ergab, steht sie bereits früh am Morgen mit Herrn Schubert im Garten. Vielleicht erinnert er sie an ihren Fritz? Maite wird mir später erzählen, dass er am Abend mit seinem Kopfkissen in Frau Bauers Zimmer verschwunden ist. Mir ist nur aufgefallen, dass er morgens nicht mehr der Erste im Garten ist.

Praxistipp: Auswahl nachtduftender Pflanzen für alle, die nachts unterwegs sind

- Vanilleblume *(Heliotropium arborescens)*: blau-violette Blüten; Beet- und Balkonpflanze; nicht winterhart, deshalb im Kübel kultivieren, vor dem ersten Frost hereinholen und in einem möglichst hellen Raum überwintern; ältere Pflanzen müssen meist mit einem Stab gestützt werden.
- Zitronen-Taglilie *(Hemerocallis citrina)*: Blütezeit Juni bis August; blüht in der Abenddämmerung auf und duftet nachts stark nach Zitrone.
- Gelbe Taglilie (*Hemerocallis lilioasphodelus*, Synonym *Hemerocallis flava*): ebenfalls intensiv duftend; die Blüten öffnen sich bereits nachmittags und bleiben über Nacht geöffnet.
- Gewöhnliche Nachtviole *(Hesperis matronalis)*: alte Bauerngartenpflanze; violette Blüten, tagsüber zwar geöffnet, aber duftlos, abends und nachts intensiv duftend; Pflanze eigentlich zweijährig, samt sie sich bei geeignetem Standort aber jedes Jahr wieder neu aus.
- Sibirische Mondviole *(Hesperis stevenia)*: größer und wüchsiger, hat schönes graugrünes Laub und fliederfarbene Blüten, die schon im Frühjahr erscheinen und zart nach Nelken und Veilchen duften.
- Funkien *(Hosta)*: eine ganze Reihe von Sorten duften kräftig lilienartig – auch nachts.
- Mondwinde, Mondblüte, Gute-Nacht-Blume *(Ipomoea alba)*: mehrjährige, immergrüne, tropische Kletterpflanze; bei warmer Witterung entfalten sich am Abend wie im Zeitraffer die strahlenden Blüten, die einen wohlriechenden, an feines Parfum erinnernden Duft verströmen.
- Duftwicke *(Lathyrus odoratus)*: beliebte duftende Kletterpflanze zum Beranken von Zäunen und Wänden; auch als Schnittblume geeignet
- Madonnen-Lilie *(Lilium candidum)*: weiße, stark duftende Blüten; Blütezeit Mai/Juni.
- Türkenbund-Lilie *(Lilium martagon)*: nickende, meist fleischrosafarbene, in der Regel dunkel gesprenkelte, duftende Blüten; Blütezeit Juni bis August.
- Königs-Lilie *(Lilium regale)*: stark duftende weiße, an der Basis gelbliche, außen entlang des Mittelnervs rosa überlaufene Blüten; Blütezeit Juni/Juli.
- Moos- oder Erdglöckchen *(Linnaea borealis)*: nachts nach Vanille duftend; für das Moorbeet.

Frau Winter unterm Sternenhimmel

Dafür ist Frau Winter neuerdings früh unterwegs. Anfangs kam sie mich regelmäßig nachts besuchen, manchmal sogar mehrmals in einer Nacht. Dafür schlief sie lange und war am Tag immer müde und niedergeschlagen. Frau Winter hat ihre eigene innere Uhr, nach der sie ihren Rhythmus lebt.

Sie dreht in der Nacht ihre Runden im Gemeinschaftsraum und schaut zu den Sternen hinauf. In der ersten Nacht bin ich eine Weile mit ihr gewandert. Weil mein Hund die ungewohnten Geräusche der Nacht noch nicht zuordnen konnte, hatte er angeschlagen, als Frau Winter an unserer Tür vorbeischlurfte. Die Mitarbeiterin aus der Nachtschicht wusste nichts von einem Hund auf der Etage und war dementsprechend irritiert, als sie das Bellen hörte. Um das Rätsel zu lösen, gaben Emma und ich uns zu erkennen. Gemeinsam standen wir im Gemeinschaftsraum, als Frau Winter an uns vorbeikam, um zur nächsten Runde durchzustarten. Da wir schon einmal wach waren, sind wir eine Runde gemeinsam gelaufen. Sie in einem bodenlangen Nachthemd mit Blümchen drauf und ich in meinem warmen Schlafanzug. Mit Fortschreiten des Projekts und dem täglichen Aufenthalt im Freien wurden die nächtlichen Ausflüge von Frau Winter weniger. Vielleicht tickt ihre innere Uhr jeden Tag ein bisschen mehr im Gleichklang mit der Natur?

Nachtduftende Staude *(Hemerocallis citrina)*

Praxistipp: Blumenwiese oder Blumenrasen

Blumenwiesen oder Blumenrasen sind wichtige Lebensräume für heimische Pflanzen und Tiere, zudem sind sie in Bezug auf ihren Wasserbedarf weitaus anspruchsloser als Einheitsrasen. Sie zeichnen sich durch Schönheit und Farbenpracht sowie durch Harmonie und Vielfalt aus. Diese ökologisch wertvollen Flächen sind artenreich und gesund und müssen nur ein- bis zweimal im Jahr gemäht werden (Juni und September).

Blumenwiesen sind wunderschön duftende, blütenreiche Flächen, die möglichst nicht betreten werden sollen, da sie keine belastbare Narbe bilden. Das macht sie, neben dem geringen Pflegeaufwand, zur idealen Begrünung einer Senioreneinrichtung. Denn in einem Seniorenheim ist eine Wiese eher eine Beetfläche, die niemand betritt, als eine Spiel- und Sportfläche. Bei der Mahd mit der Sense leben Erinnerungen auf und so manch einer beherrscht den Schwung mit der Sense immer noch recht gut. Bei der ein- bis zweimaligen Mahd pro Jahr sollte die Fläche in Abschnitten gemäht werden, damit den Tieren nicht auf einen Schlag die Nahrungsgrundlage und der Lebensraum entzogen wird. Das Mähgut sollte zum Trocknen noch einige Tage auf der Fläche bleiben, wie beim Heumachen, damit die Samen ausfallen und die Tiere in die noch ungemähten Flächen umsiedeln können. Der zum Trocknen ausgebreitete Wiesenschnitt duftet nach vergangenen Zeiten und Heuwenden ist eine Tätigkeit, die alten Menschen noch gut vertraut ist. Vielleicht beherrscht sogar noch jemand das Dengeln einer Sense? Mittlerweile gibt es verschiedene Anbieter, die zum Sensen mit der Handsense Workshops anbieten.

Der Blumenrasen ist eine Rasenfläche, die belastbarer ist als eine Blumenwiese und auch betreten werden kann. Sie besteht aus konkurrenzschwachen und langsam wüchsigen Wildgräsern wie dem Kammgras *(Cynosurus cristatus)* und dem Ruchgras *(Anthoxanthum odoratum)* und Kräutern wie zum Beispiel der Echten Schlüsselblume *(Primula veris)*, dem Mittleren Wegerich (*Plantago media)*, der Schafgarbe *(Achillea millefolium)*, um nur einige zu nennen. Der Blumenrasen wächst nicht so hoch wie die Wiese, wird aber ebenfalls mit der Handsense bis zu zweimal im Jahr gemäht. Um die Pflanzen aus der Nähe betrachten oder ein «Bad» in der Blütenmenge nehmen zu können, können Wege durch die Fläche führen, die mit dem Spindelmäher kurz gemäht werden. Der handbetriebene Spindelmäher ist auch ein Gerät aus vergangener Zeit. Alleine der Anblick und sein typisches Mähgeräusch rufen Erinnerungen hervor.

Damit die Anlage einer Blumenwiese oder eines Blumenrasens gelingt, sollten Fachleute zu Rate gezogen werden oder man eignet sich entsprechendes Wissen an.

Frau Sommer schaut uns schweigend zu

Die Sonne scheint intensiv an den letzten Tagen der ersten Woche. Während der Mittagsruhe kommen Frau Bölter und Frau Mühlstein nach draußen zu uns. Michael, Frau Sommer und ich nehmen gerade ein Sonnenbad. Frau Bölter will sich nur schnell in ihr wohlverdientes Wochenende verabschieden und Frau Mühlstein muss mich was in eigener Sache fragen, wie sie es nennt. Ich werde oft «in eigener Sache» angesprochen, wenn ich in meiner grünen Gärtnerinnengarderobe stecke. Fragen wie nach dem richtigen Schnitt von Hortensien oder dem Obstbaumschnitt sind fast schon Programm. So ergeht es wahrscheinlich jeder Berufsgruppe, die sich optisch zu erkennen gibt. Ich kleide mich in Grün und die Bewohner erkennen mich immer als Gärtnerin. Ich glaube sogar, dass Gärtner eine Art Archetyp sind. Leider gibt es kaum mehr Berufe, die mit einer Farbe in Verbindung stehen. «In meinem Rasen wächst so viel Moos. Haben Sie einen Tipp, was ich machen kann?», will Frau Mühlstein wissen. Diese Frage wird mir oft gestellt und ich freue mich darüber, denn so kann ich wieder jemanden von einer Wildblumenwiese anstelle einer Einheitsrasenfläche überzeugen. Ich erkläre ihr, dass viel Moos unterschiedliche Gründe haben kann. «Was halten Sie aber von einer Blumenwiese anstatt eines kurz geschorenen Einheitsrasens, auf dem Sie dem Moos hinterher jagen?» Ich lasse Bilder von Gräsern, die sich im Takt des Windes wiegen, von weißen Margeritenblüten und blauen Kerzen des Wiesen-Salbeis, von gelbem Huflattich und einem Meer aus Wiesenschaumkraut, von Löwenzahn und duftender Schafgarbe, von Wilder Möhre und saftigem Sauerampfer vor ihrem geistigen Auge entstehen. Die vielen Schmetterlingsarten, die Bienen, Hummeln und Wespen, die Schwebfliegen, Heuschrecken und Käfer, die Spinnen, Wanzen und Vögel sind dankbar für jede Blumenwiese.

Ein alter Bekannter, der Spindelmäher, als Angebot zur Aktivität

Sie notiert meine Idee mit der Blumenwiese begeistert auf einen kleinen Zettel und will schon wieder gehen, als sie Frau Sommer erblickt. «Das ist aber schön, Sie hier draußen zu sehen, Frau Sommer.» Frau Sommer reagiert nicht auf ihre Worte. Frau Mühlstein berichtet mir, dass Frau Sommer seit vielen Wochen nicht mehr an der frischen Luft war. Dass sie nur in ihrem Rollstuhl am Tisch gesessen hat oder im Bett bleiben wollte. Im alten St. Elisabeth wohnte Frau Sommer in der dritten Etage. Vielleicht ein zu langer Weg nach draußen und niemand hatte Zeit, sie zu begleiten, oder das alte Draußen war kein attraktiver Ort, um sich auf die Reise zu machen?

Beziehungen stiften

Jetzt wohnt sie in der Kronenstraße im Erdgeschoss. Am ersten Tag unseres Projekts hat sie Monika nach draußen geschoben, seitdem nimmt Michael sie mit raus. Wir haben es gar nicht in Frage gestellt, dass sie raus möchte. Frau Sommer ist einfach immer dabei. Frau Mühlstein streichelt ihr kurz über den Rücken, sagt, dass sie noch viel zu tun hat, und zieht sich in ihr Büro zurück. Frau Mühlstein wird noch oft mit Fragen in eigener Sache kommen, bald schon mit einem ganzen Fragenkatalog.

In Decken gehüllt sitzt Frau Sommer in ihrem Rollstuhl und schaut uns zu, jeden Tag. Sie spricht kein einziges Wort, manchmal summt sie eine mir unbekannte Melodie vor sich hin oder schläft ein. Wechsle ich von einer Parzelle zur nächsten, um die Erde dort zu hacken, nehme ich Frau Sommer mit. Zwischendurch reiche ich ihr etwas zu trinken oder Monika holt sie, um mit ihr die Toilette aufzusuchen. Die eine oder andere Bewohnerin setzt sich für einen Augenblick zu ihr, um mir gemeinsam beim Hacken zuzuschauen. Frau Sommer ist von allen Bewohnern meine treueste Zuschauerin. Auch wenn wir während der ganzen Projektzeit kein einziges Wort miteinander sprechen, fühlt es sich an wie ein Kontakt, der nicht abreißen kann. Ich weiß nicht, was dieses Gefühl auslöst oder wie es entstanden ist. Sie sitzt einfach da, schaut mir zu und alles ist gut. Für uns beide, glaube ich. Vielleicht kennt sie die Tätigkeit und hat es selber erlebt, wie sich ein Rücken anfühlt nach einem ganzen Tag Hacken? Vielleicht stecke ich sie mit meiner guten Laune an oder sie mich mit ihrer ruhigen Ausstrahlung? Vielleicht sind hier auch Spiegelneuronen aktiv.

Sie sitzt einfach da, schaut mir zu und alles ist gut.

Frau Nowak liebt die Sonnenbräune

Bereits die ganze Woche haben wir schönes Wetter und es ist ungewöhnlich warm für die Jahreszeit. Darina ist schon mit einer Gruppe Bewohnerinnen und Bewohner draußen im Garten. Früh am Morgen scheint die Sonne bereits kräftig, so dass Darina alle mit Sonnenhüten ausstattet. Nur Frau Vogel behält ihr Stirnband an. Nach und nach gesellen sich weitere dazu, denn Rudelbildung gibt es auch in Wohnheimen. Wenn nur zwei Leute zusammensitzen, weckt das wenig Neugier bei den anderen. Aber wenn da sechs sitzen, kommen immer weitere dazu.

So ist die Gruppe in Tims Begleitung schnell auf zwölf Personen angewachsen. Als Tageseinstieg nehmen alle ein ausgiebiges Sonnenbad. Auch ich schließe mich an.

In Decken gehüllt sitzen die Damen und Herren aufgereiht auf den neuen Gartenstühlen und recken ihre Nasen der Sonne entgegen. Allen voran eine Dame aus der ersten Etage. Tim hat sie nach draußen begleitet und neben mich gesetzt. Sie scheint eine regelrechte Sonnenanbeterin zu sein. Das Gesicht zielgerichtet der Sonne zugewandt, schiebt sie die Ärmel ihrer Bluse nach oben und befreit ihr Dekolleté von lästigem Stoff. Sie trägt, wie nur wenige

XXL-Sonnenliege aus Robinienholz

Praxistipp: Liegestühle im Garten

In keinem Garten sollten im Sommer die Liegestühle fehlen. Zwei, drei Sonnenstühle auf einer Wiese sind wohlgemeinte Einladungen zu Müßiggang und Ruhezeit. Auch wenn niemand in den Stühlen liegt, ihr bloßer Anblick kann Erinnerungen an Sommerfrische, Spaghetti-Eis und große Ferien aufleben lassen. Zudem wirkt sich ein regelmäßiges Bad in der Sonne positiv auf die Gesundheit aus. Es ist allgemein bekannt, dass Sonnenlicht die Vitamin-D-Synthese induziert und dass ein Zusammenhang besteht zwischen zu wenig Vitamin D im Blut und einer ständig länger werdenden Liste von Erkrankungen wie Osteoporose, Herzinfarkt, Diabetes oder Muskelschwäche. Experten empfehlen, sich an möglichst vielen Sommertagen mindestens für 10 bis 30 Minuten in der Sonne aufzuhalten und wenigstens das Gesicht, Hals und Hände dem UV-Licht auszusetzen. Liegestühle bieten jederzeit die Gelegenheit dazu und für Beschäftigte können sie zum Lieblingsplatz einer gesunden Mittagspause werden.

Hinweis: Die Aufenthaltsdauer in der Sonne muss individuell angepasst werden und darf natürlich nicht übertrieben werden. Zu Anfang sind ein paar Minuten sicherlich ausreichend, zudem sollte ein Sonnenschutzmittel immer zur Hand sein.

Frauen in ihrem Alter, ihre Haare offen. Lange graue Haare, die vielleicht mal blond gewesen sind, rahmen ihr Gesicht, das von unzähligen kleinen Fältchen und einem Meer von Sommersprossen übersät ist. Sie sitzt aufrecht, den Rücken durchgestreckt, die Füße nebeneinander. Ihre Figur wirkt athletisch, mit breiten Schultern und starken Armen. Sie scheint ihr Leben lang Sport getrieben zu haben. Vielleicht war sie Schwimmerin oder verbrachte jeden Sommer in Italien am Strand? Mit geschlossenen Augen sitzt sie da. Gut möglich, dass sie sich gerade daran erinnert, wie sie barfuß durch den Sand lief. Als ich Tims Stimme höre, merke ich, dass ich in Gedanken mit der Dame durch den warmen Sand gelaufen bin. «So stelle ich mir einen Kuraufenthalt damals in Davos vor. Die Herrschaften verbringen ihre Zeit in mondänen Sanatorien bei guter Höhenluft inmitten von atemberaubender Bergkulisse und halten ihre Gesichter in die Sonne.» Ich schaue Tim verwundert an. «Wir haben in der Schule den *Zauberberg* von Thomas Mann durchgenommen», erklärt er mir grinsend. «Da fällt mir wat zu een. Passt ma uff. Wat spricht der Schweizer inner Sauna? Na Schwitzerdeutsch, is doch logo!», mischt sich Frau Vogel ein.

Vielleicht war sie Schwimmerin oder verbrachte jeden Sommer in Italien am Strand?

Gerade als ich denke, dass ich mir den Witz merken muss, spüre ich eine Hand auf meinem Arm. Ich trage ein T-Shirt, deshalb ist meine Haut an den Armen schon leicht gebräunt. «Bist du schön!» Die Sonnenanbeterin streichelt über meinen Arm und wiederholt mehrmals, wie schön sie mich findet. Das hört natürlich jede gerne, und ich überlasse ihr bereitwillig meinen Arm. Natürlich weiß ich, dass sie mit meinen gebräunten Armen eine Erinnerung verbindet. Vielleicht eine Erinnerung an ihre eigene Schönheit. Als in der Wirtschaftswunderzeit der Luxus der Fernreisen aufkam, wollten alle braun sein. Jenseits jeder Angst vor Hautkrebs gehörte Bräune fest zum damaligen Schönheitsideal. Einen schönen Menschen erkennt jeder, damals wie heute. Und wer äußerlich attraktiv ist, dem schreibt das Umfeld oft auch andere positive Eigenschaften zu. Kosmetika und modische Kleidungsstücke können möglicherweise die Wertschätzung durch die Umwelt fördern und damit mittelbar auch das Selbstwertgefühl. Das gilt auch im hohen Alter. Aus meinen zahlreichen Gesprächen mit Pflegenden habe ich gelernt: Wer die Haut eines alten Menschen pflegt, verdeutlicht dem Betreffenden, dass jeder Körper es «wert» ist und weiterhin eine Quelle der Freude sein darf, nicht nur der Sorge. Denn auch die Haut alter Menschen lädt dazu ein, berührt zu werden.

Schön zu sein, bedeutet auch, dazuzugehören und angenommen zu sein. Vielleicht ist es auch das, woran sich die Sonnenfreundin erinnert, sich angenommen zu fühlen. Später wird mir Tim erzählen, dass sie Frau Nowak heißt und seit vielen Jahren in St. Elisabeth lebt. Wir sitzen Seite an Seite in der Morgensonne, und auch ich erkenne ihre Schönheit – jene besondere Schönheit, die in der Einzigartigkeit eines jeden Menschen liegt.

Praxistipp: Das Quartier kommt zu uns

Warum nicht eine Fläche im Garten vorhalten für Freizeitangebote, die das Quartier miteinbeziehen und für eine bestimmte Zeit den Garten zu einem öffentlichen Raum machen? Mit Quartier ist ein Stadtteil wie ein Veedel oder ein Kiez gemeint, deren Bürger durch eine gemeinsame Identität und soziale Interaktion zur Gemeinschaft werden. Auch eine Gemeinde ist ein Quartier. Nach dem Motto der KDA-Quartiershäuser – «Ich geh ins Quartier – das Quartier kommt zu mir» – kann der Garten für den Aufbau sozialer Netzwerke dienlich sein. Ein Netzwerk, in dem Menschen mit Demenz wieder die Möglichkeit haben, sich als soziale Person zu erleben wie beispielsweise «der freundliche Herr von nebenan», der diese Rolle nur im Rahmen sozialer Interaktionen erleben kann. Ein kleines Zeltlager im Garten, durchgeführt in Kooperation mit ortsansässigen Jugendgruppen, Pfadfinderinnen oder Pfadfindern, Sport- oder Wandervereinen, wäre solch eine Gelegenheit sozialer Präsenz. Oder ein Platz für das Martinsfeuer der Grundschule, ein Schützenfest oder einen Kinderzirkus, der sein Zelt während der Sommerferien im Garten aufstellt. All das fördert Teilhabe und ein Leben in der Öffentlichkeit.

Das Zentrum des Gartens bietet Platz für Einladungen.

Zweite Projektwoche

Ein Zeltplatz im Garten

Die erste Projektwoche ist vorüber und wir fahren für das Wochenende nach Hause. Da in der Kaiserstraße kommende Woche zwei neue Bewohner einziehen, räumen wir unsere Zimmer und lagern die persönlichen Sachen im Büro von Frau Bölter. Das Werkzeug verstaut Herr Meinzer für uns im Keller, ebenso Emmas Gepäck wie Decken, Näpfe und Hundefutter. In der zweiten Woche werden wir nicht im Haus schlafen. Wir werden im Garten unsere Zelte aufschlagen. Während der Projektzeit vor Ort zu zelten, ist eine Premiere für mich. Wir haben schon mal in einem Wohnwagen auf der Baustelle übernachtet, aber im Garten eines Altenheims zu zelten, haben wir noch nicht erprobt. Anfangs, als ich die Idee Frau Bölter vorstellte, war ich noch etwas skeptisch, ob solche Ideen in einem katholischen Haus Unterstützung finden. Mit meinen Bedenken lag ich völlig falsch. Im Gegenteil, für Frau Bölter schien es die normalste Sache der Welt zu sein, dass im Garten Zelte stehen.

Die zweite Woche empfängt uns mit strahlendem Sonnenschein und immer noch warmen Temperaturen. Bei so einem Wetter macht Zelten Spaß. Ich freue mich auf unser kleines Zeltlager. Wir wählen einen Platz im hinteren Gartenbereich, geschützt durch die alte Eichenallee. Schnell sind unsere Zelte aufgebaut und auf den Luftmatratzen türmen sich weiche Kissen und kuschelige Decken. Zelten kann so gemütlich sein. Michael räumt die Strohballen von der Ladefläche und stellt sie als Picknickplatz zusammen. Ich bin gespannt, wer sich vom Anblick der Ballen angezogen fühlt. Frau Bauer kommt sicherlich zur Mittagspause hier vorbei.

Bei so einem Wetter macht Zelten Spaß.

Herr Schubert und der Spediteur

Herr Meinzer holt gerade unser Werkzeug aus dem Keller, als ein LKW vorfährt. Neben dem Fahrzeug läuft völlig außer Atem Frau Mühlstein. Seitdem sie von mir mit Gartentipps versorgt wird, fühlt sie sich persönlich für den reibungslosen Ablauf des Projekts verantwortlich. «Die Pflanzen sind da, die Pflanzen sind da.» Sie wedelt aufgeregt mit ein paar losen Blättern in der Luft, ich vermute, dass es sich um den Lieferschein handelt. Der Spediteur lehnt sich freundlich aus dem Wagenfenster und bespricht sich mit Frau Mühlstein. Waren auszuliefern, ist für ihn sein täglich Brot, für alle Anwesenden ein lang herbeigesehnter Tag. «Die Pflanzen sind da!», rufen jetzt auch Frau Vogel und Herr Schubert. Die Lieferung der Pflanzen ist immer etwas Besonderes. «Die Pflanzen sind da!», klingt fast wie der Einzug einer alten Bekannten. Die Lieferung von Gartenmöbeln hat noch nie solche Begeisterung ausgelöst. In der heutigen Gesellschaft beschäftigt man sich leider mehr mit der Möblierung eines Gartens als mit den lebendigen Anteilen, den Pflanzen. Für mich ist die

Vorbereitungen zur Aussaat

Praxistipp: Vom Topf ins Beet – Förderung der körperlichen Mobilität

Das Einpflanzen von Sommerblumen, Kräutern oder Stauden erfordert vielerlei unterschiedliche Bewegungen, die Sinn und einen direkten Bezug zur Aufgabe haben. Es müssen zum Beispiel Töpfe unterschiedlicher Größe gegriffen und die Pflanzen aus den Töpfen herausgeholt werden, beides trainiert die Handmuskulatur und verbessert die Koordination von Bewegungen. Die Motivation, sich zu bewegen, resultiert aus der Aufgabe, Blumen zu pflanzen, das heißt, das Gärtnern führt zwar zur Verbesserung der Beweglichkeit, ist aber nicht Grund, sich zu bewegen. Im gärtnerischen Tun werden die meisten Bewegungsabläufe spontan ausgeführt, beispielsweise sich zur Seite zu beugen, um eine neue Pflanze aus der Kiste zu angeln. Dies geschieht, ohne groß darüber nachzudenken, und selbst bei akuten oder chronischen Schmerzen verlagert sich die Aufmerksamkeit für kurze Momente weg vom Schmerz und hin zur Pflanze. Der Garten hält eine Fülle an leichten Tätigkeiten bereit, die zum Beispiel die Feinmotorik fördern und kräftigend wirken, wie das Ausknipsen verblühter Pflanzenteile, die Aussaat in Töpfe oder das Pflücken von Kräutern. Wichtig ist, dass alle Tätigkeiten auf die Fähigkeiten der ausführenden Personen abgestimmt sind und niemand von der Gartenarbeit überfordert wird.

Wertschätzung von Pflanzen und Natur, die ich während meiner Aufenthalte in Seniorenheimen erfahre, eine Wohltat, die ich nirgendwo anders finde. Jeder scheint zu spüren, dass Pflanzen dem Garten ein Gesicht geben. Je bunter und duftender die Auswahl, umso größer die Freude.

Mittlerweile ist Frau Mühlstein bei mir angekommen, nimmt ein paar tiefe Atemzüge, strafft ihre Schultern und überreicht mir den Lieferschein. Währenddessen weist Herr Schubert den Spediteur auf seine Parkposition ein. Mit ernstem Gesicht und weit ausholenden Armbewegungen winkt er den LKW rückwärts auf das Gelände. So wie er uns bei unserer Ankunft auch eingewiesen hat. Der Fahrer bedankt sich. Er stellt es nicht in Frage, ob er diese Hilfe brauchte. Schade, dass Spediteure niemals Zeit übrig haben, ich glaube, Herr Schubert wäre einer kleinen LKW-Spritztour gegenüber nicht abgeneigt. Von Frau Bölter erfahre ich später, dass Herr Schubert früher den Milchwagen gefahren und in aller Herrgottsfrühe tagtäglich die Bauernhöfe abgeklappert hat. Jetzt verstehe ich auch, warum Herr Schubert so früh auf den Beinen ist, als Milchwagenfahrer musste er immer zeitig los, jeden Tag bei jedem Wetter.

Währenddessen weist Herr Schubert den Spediteur auf seine Parkposition ein.

Frau Bauer und ihr Ordnungssinn

Der Fahrer lädt zwei Paletten voller Kisten ab, Herr Schubert und ich vergleichen die Ware mit dem Lieferschein und schon ist der LKW wieder verschwunden. Mittlerweile hat sich der harte Kern der Gartengruppe um die Paletten versammelt. Tim und Maite kommen auch dazu. Maite zählt mit Frau Bauer die mit Stauden und Kräuter vollgepackten Kisten. «Auf jeder Palette zähle ich 32 Kisten. Oder, Frau Bauer, was zählen Sie?» Frau Bauer nickt zustimmend und beginnt, die kleinen Pflanzentöpfe aus den Kisten zu räumen, Tim unterstützt sie dabei. Er teilt den anderen mit, dass in jeder Kiste 24 Töpfe sind, hübsch sortiert nach verschiedenen Arten und Sorten. Nachdem sie die dritte Kiste leergeräumt hat, bitte ich Frau Bauer, die Töpfe wieder einzuräumen, damit die Sortierung nicht durcheinandergerät. Anscheinend hat Frau Bauer aber eine andere Sortierung im Sinn. Sie rupft die Pflanzen samt Ballen aus den Töpfen und stapelt die leeren Töpfe ordentlich zurück in die Kisten. Maite kommt mir zu Hilfe: «Jetzt müssen wir auch noch Kopfrechnen, Frau Bauer, da war ich noch nie gut drin. Wir haben 32 Kisten mit jeweils 24 Pflanzen, oje, wie viele Pflanzen sind es insgesamt?» Ich habe Glück, Frau Bauer lässt sich mit der Rechenaufgabe von den Pflanzen ablenken. Sie schaut erwartungsvoll zu Maite, die heimlich ihr Smartphone aus der Tasche holt und die Rechnung eintippt.

Doch Frau Kunze ist schneller als die Technik. Sie war zeit ihres Lebens Mathe- und Musiklehrerin und wie selbstverständlich präsentiert sie eine Lösung: «Es handelt sich exakt um 100 Töpfe», sagt sie und streicht wie so oft mit ihren langen Klavierfingern über ihre spitze Nase. Niemand widerspricht

Praxistipp: Duftrasen und andere duftende Gartenelemente

Duftrasen
Ein begehbarer Duftrasen oder eine duftende Freifläche um eine Sitzgelegenheit lässt sich mit verschiedenen Duftpflanzen realisieren. Der Standort sollte trocken, sonnig und wasserdurchlässig sein. Zur Unterstützung der Trittfestigkeit einer Duftrasenfläche kann dem Erdreich Blähton beigemischt werden.

Zur Bepflanzung bietet sich die nichtblühende Römische Teppich-Kamille (*Chamaemelum nobile* 'Treneague') an. Benötigt werden mindestens elf Pflanzen pro Quadratmeter. Ergänzend kann Polster-Thymian (*Thymus doerfleri* 'Bressingham Seedling') gepflanzt werden. Für einen eher feuchten und halbschattigen Standort eignet sich die Kriechende Polei-Minze (*Mentha pulegium* 'Repens'), die allerdings weniger trittfest ist.

Blattduftende Wegbegleiter und essbare Einfassungen
Blattduftende Stauden entlang von Gartenwegen oder Einfassungen können bei Berührung zu einem zufälligen Dufterlebnis verhelfen. Ein geeigneter Wegbegleiter ist beispielsweise der Echte Wermut *(Artemisia absinthium)*. Bei sonnigem Standort und humosem, durchlässigem Böden kann er zu einer bis zu 120 Zentimeter hohen Einfassung heran-

Duftrasen im ersten Jahr nach der Pflanzung

ihr. «Ich habe ein paar mehr ausgerechnet, aber ich war auch immer schlecht in Mathe.» Maite lässt ihr Smartphone in der Tasche verschwinden und beginnt mit Herrn Meinzer, die Kisten von den Paletten zu räumen. Herr Schubert scheint seine Rolle gefunden zu haben und weist den Tragenden die Richtung. Wir stellen die Kisten nebeneinander entlang der Wege, wo sie Herr Blume in der Mittagspause gießen wird. Gemütlich auf seinem Rollator sitzend, wird er den Schlauch halten und die Pflanzen nach ihrer langen Reise ausreichend wässern. Michael beeilt sich mit seinem Mittagessen, um Herrn Blume beim Gießen zu unterstützen. Monika bedauert, dass Michael keinen Nachschlag nimmt, denn jemanden mit so einem gesunden Appetit hat sie selten am Tisch.

Ein Duftrasen für St. Elisabeth

Für gewöhnlich schlafen die meisten Bewohner nach dem Mittagessen. Bis 15 Uhr sind Michael und ich alleine im Garten. Eine wichtige Zeit für alle Arbeiten, bei denen wir uns konzentrieren müssen. Die Pflanzen auf die Beetflächen zu verteilen und gemäß meiner Planung auszustellen, ist solch eine Aufgabe. Bei 1536 Töpfen dauert es seine Zeit. Wir werden jeden Tag ein neues Beet bepflanzen. Heute Nachmittag beginnen wir mit einem Duftrasen. Auf einer Fläche von circa 40 Quadratmeter werden wir 440 Duftrasenstauden pflanzen. Allen voran die duftende Römische Teppich-Kamille. Unter Fachleuten würde ich jetzt den botanischen Namen nennen, aber es ist nur Michael anwesend und er kennt die Pflanze in- und auswendig. Ich könnte ihn nachts wecken und ihm zuflüstern: «*Chamaemelum nobile* 'Treneague'» (so lautet der botanische Name). Und er würde sofort referieren, dass sich diese niedrige, nicht blühende Auslese der Römischen Teppich-Kamille hervorragend mit anderen Pflanzen versteht und sich für einen kompakten Duftrasen eignet. Der recht belastbar ist, jedoch nicht ganz so trittfest wie normaler Rasen. Er würde weiter berichten, dass man mit der intensiv duftenden Pflanze Duftbänke, Duftpfade und vieles Duftende mehr gestalten kann, sofern sie einen sonnigen, sommerwarmen, wasserdurchlässigen, nicht zu nährstoffreichen Standort bekommt. Michael liebt Duftrasen.

Heute Nachmittag beginnen wir mit einem Duftrasen.

Während ich die 18 Kisten mit den verschiedenen Duftrasenstauden vor den Beeten staple, bin ich richtig stolz auf unsere Arbeit der vergangenen Woche. Ein Gärtnerherz schlägt nun mal höher beim Anblick frisch vorbereiteter Beete. Wir bauen die Arbeitsplätze für die Seniorinnen und Senioren auf, drei große Tische, Stühle, ausreichend Handschuhe und Gartenscheren. Ihre Aufgabe wird es sein, die Pflanzen aus den Töpfen zu nehmen, den Wurzelballen leicht anzuschneiden und die Pflanze ohne Topf wieder in die Kiste zurückzustellen. Die so vorbereiteten Pflanzen verteile ich etwa handbreit nebeneinander auf das Beet, wo sie anschließend gepflanzt werden.

Duftende Wegbegleiter: Schnittknoblauch

wachsen. Diese Höhe erreicht die Zitronen-Eberraute (*Artemisia abrotanum* 'Citrina') nicht ganz, aber eine angenehm duftende Wegbegleitung ist sie ebenso. Bei durchlässigen Böden und sonnigem Standort kann sie bis zu 70 Zentimeter hoch werden. Im Winter muss dieser Halbstrauch vor übermäßiger Nässe und Kälte geschützt werden und die Triebe sollten erst im Frühjahr eingekürzt werden. Duftnesseln (*Agastache*-Hybriden) mit ihren blauvioletten Blütenkerzen sind ebenso attraktiv wie wohlduftend.

Gewöhnlicher Schnittlauch *(Allium schoenoprasum)* und der Schnittknoblauch *(Allium tuberosum)* eignen sich hervorragend als essbare Beeteinfassung. Sie bevorzugen frischen Gartenboden in sonniger Lage, ab und zu etwas Dünger, am besten Kaffeesatz, und treiben zuverlässig bereits im März wieder aus. Besonders attraktive Blüten hat die Sorte *Allium schoenoprasum* 'Forescate'. Auch die Knoblauchsrauke *(Alliaria petiolata)* ist nicht nur ein duftender Wegbegleiter, sondern auch eine Bereicherung für die Küche. Wenn sie am Rand von Wegen gepflanzt wird, die zur Küche oder zum Grillplatz führen, können schnell Blätter für selbstgemachte Kräuterbutter geerntet werden.

Duftthecken

Mit Hecken lassen sich duftende Abgrenzungen und Einfriedungen gestalten. Eine geeignete Staude für eine abwechslungsreiche, lockere Abgrenzung ist die Elfenraute (*Artemisia lactiflora* 'Weiße Dame'). Sie wird bis zu 180 Zentimeter hoch, wächst auf Freiflächen und an Gehölzrändern und braucht tiefgründigen Boden, der immer ausreichend feucht ist. Schöne Pflanzpartner sind Sorten der dauerblühenden Kartoffel-Rose *(Rosa rugosa)*, zum Beispiel 'Roseraie de l'Hay' oder 'Hansa'.

Die immergrüne Stachelblättrige Duftblüte *(Osmanthus heterophyllus)* bildet im Herbst intensiv süßlich duftende Blüten, die in kleinen weißen Büscheln zwischen den dunklen Blättern stehen. Die langsam wachsende Pflanze benötigt einen absonnigen bis halbschattigen Standort in geschützter Lage. Sie ist sehr schnittverträglich und kann auf einem durchlässigen und leichten Boden als Hecke bis zu zwei Meter hoch gezogen werden.

Eine duftende Hecke als Einfriedung wird am besten an der Westseite gepflanzt, damit der Wind den Duft in den Garten trägt.

Die selbsternannten Vorarbeiter

Langsam trudeln die Bewohnerinnen und Bewohner ein, die Mittagsruhe ist vorbei. Mit Sonnenhüten ausgestattet und neugierig auf das, was jetzt kommen wird, versammeln sie sich auf dem großen Sitzplatz im Zentrum des Gartens. Einige kommen selbständig raus, andere werden von Darina und Tariq begleitet. Der harte Kern belegt sofort die Plätze an den Arbeitstischen, allen voran Frau Vogel. «Jetzt bin ick aber jespannt, wie du uns an et arbeeten kriegst, uns alte Vöjel. Da aufm Boden kann icke nich rumkriechen.»

Wir brauchen nur wenige Handgriffe vormachen und sofort bilden sich tatkräftige Arbeitsgruppen. Für alle ist eine passende Tätigkeit dabei. Herr Meinzer und Tariq schleppen die Kisten heran und Frau Vogel, Herr Arnold und Herr Schubert führen jeweils eine Arbeitsgruppe an. Sie sind die selbsternannten Vorarbeiter und topfen die Pflanzen aus, die ihnen von anderen angereicht werden. Zwei, drei geschickte Handgriffe und die Pflanze rutscht aus dem Topf. «Dat is ne enfache Arbeijt, hier nimm du dat Ding jetze und stell et widda in de Kiste.» Frau Vogel rupft geschickt mit beiden Händen den Ballen leicht auseinander und reicht die Pflanze an Herrn Blume weiter, der tunkt sie in einen Eimer mit Wasser und stellt sie zurück in die Kiste. Herr Schubert hingegen gibt in

«Jetzt bin ick aber jespannt, wie du uns an et arbeeten kriegst, uns alte Vöjel.»

Ein Garten aktiviert.

Praxistipp: Der HapTisch

Mit fortschreitender Demenz wird die Verarbeitung von Tastsinnesreizen immer schwieriger. Das führt in den meisten Fällen dazu, dass Alltagsgegenstände nicht mehr durch Ertasten erkannt werden können. Die Berührung als solche wird aber weiterhin wahrgenommen und die Beschaffenheit der berührten Gegenstände beeinflusst immer noch die Gefühle. So können weiche Gegenstände innerlich weich machen und runde Steine oder Kastanien werden zu Handschmeichlern. Federn oder Sand, der durch die Finger rieselt, fühlen sich leicht an, raues Holz schmirgelt an unserer harten Schale und kann unsere sensible Seite freisetzen. Jede Oberfläche, die «begriffen» wird, fördert Gefühle zutage. Um in einem Garten jederzeit eine Palette an Berührungsreizen bieten zu können, habe ich den sogenannten HapTisch entworfen. Der rollstuhlunterfahrbare Tisch besteht aus einem Gestell aus Robinienrundholz und .einer wetterfesten Tischplatte, unter der verschieden große Schubladen aus ebenfalls wetterfestem Material befestigt sind. Die Schubladen werden mit unterschiedlichen Gegenständen gefüllt und können zum «Begreifen» geöffnet werden. Bei der Schubladenfüllung sind der Fantasie keine Grenzen gesetzt: Kastanien oder Hagebutten, Muscheln und Sand, Äste oder Zapfen, Federn oder Murmeln… Der Tisch kann bei jedem Wetter draußen bleiben, er kann für gezielte therapeutische Interventionen genutzt werden, aber auch Angehörigen oder Betreuungskräften und Menschen mit Demenz gemeinsames Erleben ermöglichen. Da die Objekte jederzeit verfügbar sind und somit aufwendiges Suchen geeigneter Materialen entfällt, eignet sich ein HapTisch auch besonders gut für eine Kurzzeitaktivierung.

Der HapTisch im Einsatz

seiner Kleingruppe die ausgetopfte Pflanze an Frau Bauer, die mit einem Messer bewaffnet den Wurzelballen anritzt. Im Anschluss daran taucht Frau Winter die Pflanze ins Wasser, bevor Frau Kunze sie zurück in die Kiste stellt. Sie arbeiten konzentriert und schweigend. Jede Gruppe findet ihre eigene Art, die Pflanzen in ihrem Tempo vorzubereiten. «Warum müssen eigentlich die Wurzelballen eingeschnitten werden?», fragt Monika, die mit einem Tablett voller Getränke in den Garten kommt. «Det is doch logo, damit die kleenen Wurzeln besser aus dem dicken Wurzelfilz raus finden. Die kleenen müssen doch dit Wasser uffnehmen», antwortet Frau Vogel wie aus der Pistole geschossen.

Jede Gruppe findet ihre eigene Art, die Pflanzen in ihrem Tempo vorzubereiten.

Zum harten Kern, der sich mittlerweile als St.-Elisabeth-Gartengruppe versteht, gesellen sich noch weitere Bewohnerinnen und Bewohner, die von Darina in den Garten geleitet werden. Einige schauen bei der Arbeit zu, andere sind auf ihren Stühlen eingeschlafen. Michael reicht unterschiedlich duftende Kräuter im Kreis herum. Er hilft hier und da beim Schnuppern, zupft für manche ein Blättchen ab oder streichelt mit den samtigen Blättern des Wollziest *(Stachys byzantina)* über den Handrücken einzelner Bewohnerinnen.

Herr Meinzer und ich setzen Reihe für Reihe die Pflänzchen in die Erde, bis am Abend ein großer duftender Rasen entstanden ist.

An dieser Stelle möchte ich kurz anmerken, dass es mir in all den Jahren, während aller meiner Projekte, nur einmal begegnet ist, dass Stauden von Bewohnern wieder ausgebuddelt wurden. Wohingegen die Sorge darum bei Beschäftigten oder Verantwortlichen weitaus größer ist. Dass Blumen und Blätter gepflückt werden, das treffe ich öfter an. Übrigens hatte das Ausbuddeln damals einen Grund, denn hochmotivierte Bewohner hackten am Wochenende, als wir nicht da waren, noch einmal durch die Beete. Leider waren diese bereits bepflanzt. Montags fanden wir die Stauden ausgebuddelt und wie das andere Kraut ordentlich auf einem Haufen entsorgt.

Das Leben nach dem Abendessen

Die Sonne steht bereits tief und taucht den Garten in ein oranges Licht, schon bald wird sie hinter den großen Eichen verschwunden sein. Die Gartengruppe sitzt vor den leeren Kisten, das Abendessen ist lange vorüber, trennen möchte sich niemand, zu kostbar ist der Augenblick in dem Abendrot. Es kommt nicht oft vor, dass um diese Uhrzeit noch jemand draußen ist. Frau Baumann, die selten ein Wort spricht, bringt es auf den Punkt: «Endlich gibt es ein Leben nach dem Abendessen.» Monika bringt uns einen Teller mit Butterstullen, wir setzen uns auf die Strohballen und schauen stolz auf das Tagwerk. «Da ham wa janz schön jeackat», stellt Frau Vogel fest. Ich hole meine Gitarre aus dem Zelt und klimpere Melodien, die alle kennen. Selbstverständlich gibt Frau Kunze den Ton an und dirigiert die Gruppe sicher durch die Lieder. Als die letzten Töne von

«Endlich gibt es ein Leben nach dem Abendessen.»

Praxistipp: Stauden, Blumen, Knospen zupfen und rupfen

Sicherlich kommt es in einem Garten für Menschen mit Demenz vor, dass Blumen abgepflückt, Äste abgebrochen oder Blätter abgerupft werden. Für ein Gärtnerherz ist es mitunter schwer zu ertragen, wenn beispielsweise die Knospen einer Rose abgeknickt werden, noch bevor sie aufgeblüht sind. Bisher hat es aber sicherlich noch keinem Garten geschadet, wenn Einzelpersonen in dieser Form aktiv geworden sind. Auf der anderen Seite ist so viel Eigeninitiative erfreulich.

Blüten auszupfen: Sommerphlox

Sollten doch einmal mehr Blätter gerupft werden als für die Pflanze zuträglich oder mehr Knospen ausgebrochen sein, als Blüten sich entfalten können, besteht die Möglichkeit, die Pflanzenauswahl einzuschränken. Da es die meisten Stauden ohnehin mit einer verlängerten Blütezeit danken, wenn die verblühten Teile entfernt werden, kann daraus direkt ein Ritual gemacht werden: Während der Sommermonate könnte eine kurze morgendliche Pflanzenpflege im Bauerngarten auf dem Programm stehen, um die abgeblühten Stiele auszubrechen oder auszuschneiden.

Für solche Aktivitäten bietet sich beispielsweise die Pflanzung von Sonnenbraut *(Helenium)*, Mädchenauge *(Coreopsis)*, Sonnenhut *(Rudbeckia)*, Spornblume *(Centranthus)*, Sommerphlox *(Phlox)* oder der dauerblühenden Kaukasus-Skabiose *(Scabiosa caucasica)* an.

Lavendel *(Lavandula)* eignet sich besonders gut, da die Blüten in Duftsäckchen oder Duftpotpourris Verwendung finden können. Lavendel sollte spätestens im August direkt nach der Blüte leicht beschnitten werden. Dazu alle abgeblühten Stiele mitsamt des obersten Blattpaars abbrechen oder abschneiden. Im folgenden Frühjahr erfolgt ein stärkerer Rückschnitt von etwa einem Drittel der Wuchshöhe.

Praxistipp: Wetterstation

Stellen Sie eine kleine Wetterstation im Garten, auf dem Balkon oder der Fensterbank auf. Dazu gehören beispielsweise eine Sonnenuhr, ein analoges Jumbo-Gartenthermometer, ein Regenmesser, eine Windfahne, ein Wetterhahn oder für drinnen ein Wetterhäuschen. Diese einfachen Messgeräte machen die Veränderungen des Wetters und der Jahreszeiten auf unterschiedliche Weise wahrnehmbar.

«Der Mond ist aufgegangen» verstummen, zieht sich die Gruppe nach und nach ins Haus zurück. Niemand ahnt, dass wir in der Nacht noch einmal zusammenkommen.

Vom Gewitter überrascht

Es war ein langer Tag, auch für Michael, Emma und mich. Wir verzichten auf unser gemeinsames Feierabendbierchen und krabbeln zeitig in unsere Zelte. Wir bekommen nicht mit, dass von Westen dicke schwarze Wolken heranziehen. Bevor mir die Augen zufallen, kuschle ich mich in meinen Schlafsack und denke beruhigt an die Bauernregel «Abendrot Schönwetterbot». Ein heftiges Krachen reißt mich aus dem Schlaf. Emma drängt es laut bellend nach draußen. Blitze zucken durch die Nacht und es donnert ohne Unterlass. Wieder kommt mir eine Wetterregel in den Sinn, die mich alles andere als beruhigt: «Eichen sollst du weichen.» Im Nu bin ich draußen und schon stürzen die ersten Wassermassen herab. Das Gewitter entlädt sich direkt über uns und nach wenigen Minuten steht das Wasser knöcheltief in unseren Zelten. Michael braucht etwas länger, bis ihm klar wird, was geschieht. Auf allen vieren krabbelt er durchs Nass nach draußen.

Im Aufenthaltsraum geht das Licht an. Tim, der Nachtdienst hat, kommt mit einem Schirm gelaufen. Es schüttet wie aus Kübeln und wir sind bereits nass bis auf die Knochen, als Tim uns erreicht. Der Wind peitscht durch das Blätterkleid der Eichen. Michael ruft mir etwas zu, zeigt in Richtung Dunkelheit und verschwindet in der Nacht. Ein Blitz taucht den Garten in grelles Licht und ich sehe, wie er die Schlafsäcke und Matratzen zum Bus schleppt. Ich schnappe mir unsere Taschen und renne ihm hinterher. Zumindest das Wichtigste ist jetzt in Sicherheit. Die Zelte überlassen wir dem Sturm, der heftig an den Schnüren zerrt. Mit eingezogenen Köpfen laufen wir in die «Kronenstraße» Richtung Aufenthaltsraum. Emma flitzt als Erste durch die Tür, und als wir im Trockenen ankommen, hat sich unter ihr schon eine beachtliche Pfütze gebildet. Von uns trieft es nicht weniger. «Kindchen, da habta abba nochmal richtich Glück jehabt, wa?», höre ich Frau Vogel. Erst jetzt schaue ich mich um. Alle sind sie da, die ganze Gartengruppe. Nachts um halb drei haben sie sich gegenseitig aus den Betten geholfen, um uns beizustehen. Herr Arnold und Herr Schubert, beide in karierten Schlafanzügen, schieben die Sofas als Schlafstätte zusammen. Tim bringt Decken und Handtücher. In roter Nachtwäsche ordert Frau Vogel Michael und mich mit einem Fön bewaffnet zum Trockenpusten: «Ihr zwei beede bleibt jetzt ma schön sitzen. Juut, dat ick dat alte Ding noch behalten hab.» In aller Seelenruhe bläst sie mir mit ihrem Uraltfön eine ordentliche Wasserwelle ins Haar. Frau Bauer, nicht minder schick in Rosarot, frottiert Emma trocken. «Ich habe auch einen Hund, der ist mit Vati noch draußen in den Rüben. Hoffentlich kommen die beiden bald heim. Meine

Die Zelte überlassen wir dem Sturm, der heftig an den Schnüren zerrt.

Praxistipp: Wirkung von Farben

Farben haben Einfluss auf unsere Gefühle und jeder Farbe lassen sich Gefühle zuordnen. Blau kann beruhigen, Rot wirkt eher anregend und dem Gelb sagt man nach, dass es Ängste hemmen könne. Farben rufen automatisch unbewusste Reaktionen hervor. Natürlich ist die Gestaltung mit Farben nicht die Lösung von Problemen, aber sie kann unterstützend wirken. Inwieweit die farbliche Gestaltung eines Gartens zur Verbesserung des Wohlbefindens beitragen kann, hängt immer auch von persönlichen Wünschen und Bedürfnissen ab. Das gilt auch für Menschen mit Demenz. Oftmals sind aber die Empfindungen bei ein und derselben Farbe sehr gegensätzlich. Grün kann die Farbe der Hoffnung sein und gleichzeitig steht es für das Gift und bitteren Geschmack.

Es gibt viel mehr Gefühle als Farben, entscheidend für eine Zuordnung ist die Farbkombination, in der sich mehrere Farben gegenseitig verstärken und unterstützen. In Kombination mit Rosa wird Rot zur Farbe der Liebe, wohingegen Rot zusammen mit Schwarz eher mit Wut und Zorn in Verbindung gebracht wird. Solche Wechselwirkungen müssen beider Beetgestaltung am konkreten Ort berücksichtig werden.

Rot

Zu einer gemütlichen Laube passt eine Kombination, die das Rot zur Farbe der Liebe erklärt: Mit den duftenden, kirschroten Blüten einer 'Rose de Resht', die uns von Juni bis in den Frost hinein erfreuen, und den zartrosa Blütenkerzen des hohen Langblättrigen Ehrenpreis (*Veronica longifolia* 'Pink Damask') sowie den ebenfalls rosafarbenen gefüllten Blüten eines Schleierkrauts (*Gypsophila*-Hybride 'Rosenschleier') wird ein liebliches Beet entstehen. Das leuchtende Rot der Prachtspiere (*Astilbe* Arendsii-Hybride 'Fanal') hingegen versprüht eine sehr belebende Wirkung. Wachsen rot blühende Stauden in größeren Gruppen vor einer dunkelroten Blutbuchenhecke (*Fagus sylvatica* 'Purpurea'), ist die Wirkung wieder anders: Diese Kombination hat etwas Edles und auch Beruhigendes.

arme Mutti, die macht sich bestimmt große Sorgen.» Der Fön übertönt ihre leise Stimme und ich überlasse das Feld meinem Hund. Frau Bauer taucht ihre Nase in Emmas Fell, klemmt sie behutsam zwischen ihre nackten Beine und rubbelt los.

Das Gewitter hat sich über uns festgesetzt. «Eins, zwei, drei», zählen wir nach jedem Blitz bis zum nächsten Donnerschlag. Während es draußen kracht und blitzt, sitzen wir Gewitterhelden bei Kerzenschein und lauschen den Worten von Herrn Arnold. Mit ein wenig Unterstützung und schöpferischen Pausen erzählt er folgende Geschichte: «Ein Gewitter kommt immer nachts! Das hat mein Vater behauptet und tatsächlich war es meine ganze Kindheit so. Immer wenn es anfing zu donnern, hat uns die Mutter aus den Betten geholt und wir mussten fertig angezogen am Küchentisch sitzen. Egal wie spät es war, die ganze Familie saß fluchtbereit in der Küche. Ein Einschlag wäre jederzeit möglich gewesen. Vater hatte immer eine gepackte Tasche über der Schulter hängen mit allen Dokumenten. Meine jüngeren Schwestern weinten vor Angst. Auch die Mutter hielt bei jedem Blitz den Atem an. Alle Stromstecker waren gezogen, nur eine einzige Kerze leuchtete in der Küche. Einmal in einer Septembernacht war es besonders schlimm. Der Höhepunkt des Gewitters war fast erreicht. Unzählige Blitze zuckten über den Himmel, sturmgepeitschte Bäume bogen sich. Da stürzte ein riesiger Baum krachend in unseren Garten. Es klang wie eine Explosion und meterhohe Flammen schossen in den Himmel. Der Hof unserer Nachbarn stand lichterloh in Flammen.» Wir rutschen enger zusammen, keiner will etwas von der Geschichte verpassen. Niemand achtet auf Frau Krüger, die unbemerkt durch die Tür nach draußen schlüpft.

Unzählige Blitze zuckten über den Himmel, sturmgepeitschte Bäume bogen sich.

Frau Krüger im Gewittersturm

Frau Krüger wohnt erst seit Kurzem im Obergeschoss auf der Tiergartenstraße. Die drahtige kleine Dame ist seitdem viel im Haus unterwegs. Sie kommt mit ihren 92 Jahren noch flott voran. Auf ihren Reisen über die Etagen hat sie für jeden ein freundliches Wort. Oft bleibt mir der Inhalt ihrer Worte verschlossen, aber ihre Herzlichkeit strahlt jedem entgegen. Einmal ist sie mir beim Hacken in ein Beet geplumpst. Ich half ihr wieder auf die Beine, dabei kuschelte sich die kleine Frau an meinen Bauch und fragte mit leuchtenden Augen: «Kriegst du ein Baby?» Noch bevor ich antworten konnte, mischte sich Frau Vogel ein: «Kindchen, Frauen müssen Schatten werfen, dat weeßte doch.» Mehr konnte ich dazu auch nicht sagen.

Nun knallt die Terrassentür lautstark im Sturm. Der Wind zerrt an den Vorhängen und bläht sie auf wie Segel. Schnell schließt Tim die Tür. Da taucht ein Blitz den Garten in grelles Licht und wir sehen sie: Die kleine Frau Krüger steht mit ausgebreiteten Armen im Regen und lächelt. Bevor Tim und ich aufspringen können, um sie wieder ins Trockene zu holen, steht Frau Kunze

Grün

Tiefenpsychologisch betrachtet wirkt Grün, als Farbe der Natur, beruhigend und ausgleichend. In der Natur spielt für die Wirkung unter anderem der Nuancenreichtum eine Rolle, der sich auch in der deutschen Sprache wiederspiegelt: Wir kennen mehr als 40 Grüntöne zwischen gelbgrün und blaugrün. Ein einziger grüner Farbton in der Landschaft würde schnell eintönig oder gar bedrohlich wirken. Ein dunkelgrüner Fichtenwald zum Beispiel kann für manche Menschen beängstigend sein, eine Monokultur langweilig. Mit Grün in allen seinen Facetten lassen sich wirkungsvolle Beete und Rabatten gestalten, auch ohne Beimischung anderer Farben.

Zum Beispiel leuchtet das bis zu 40 Zentimeter hohe Goldbandgras (*Hakonechloa macra* 'Aureola') mit seinen goldgelb grünlichen überhängenden Blattschöpfen im lichten Schatten. Kombinieren lässt es sich sehr gut mit der Blaublatt-Funkie (*Hosta*-Hybride 'Halcyon'). Entlang von Gartenwegen bietet sich als schöne und ruhige Bepflanzung der Weiche Frauenmantel *(Alchemilla mollis)* an. Er erfrischt mit seinen grünlich-gelben Blütenwolken, die nach der Blüte runtergeschnitten werden sollten, und macht sich besonders gut vor einer dunklen Hainbuchen-Hecke *(Carpinus betulus)*.

Grün ist die Farbe der Mitte zwischen Licht (Gelb) und Dunkel (Blau). Sie vermittelt und verbindet und ist Tragfläche für die Wirkung anderer Farben im Garten.

bereits vor der offenen Terrassentür. Mit brüchiger Stimme und feuchten Augen spricht sie in die Nacht hinaus:

«Dem Schnee, dem Regen,
Dem Wind entgegen,
Im Dampf der Klüfte,
Durch Nebeldüfte,
Immer zu! Immer zu!
Ohne Rast und Ruh!

Lieber durch Leiden
Möcht ich mich schlagen,
Als so viel Freuden
Des Lebens ertragen.

Alle das Neigen
Von Herzen zu Herzen,
Ach wie so eigen
Schaffet das Schmerzen!

Wie – soll ich fliehen?
Wälderwärts ziehen?
Alles vergebens!
Krone des Lebens,
Glück ohne Ruh,
Liebe, bist du!»

«Das ist von Goethe», flüstert mir Tim zu, «‹*Rastlose Liebe*›, hatten wir auch in der Schule.» Die letzte Zeile schwingt noch im Raum, als sich Frau Kunze wieder setzt. Emma flitzt an ihr vorbei und springt bellend zu Frau Krüger hinaus. Sie wiegt ihren schmalen Körper im Wind und reckt das Gesicht in den Himmel. Mit offenem Mund steht sie da und fängt mit der Zunge Regentropfen auf. Das Wasser läuft ihr in die Haare, über den Nacken. Doch sie lächelt, als wir sie langsam zurück ins Haus begleiten.

Ihre Tochter wird uns später erzählen, dass sie Sturm und Gewitter schon in ihrer Kindheit liebte. Es zog sie immer nach draußen, um das Wetter richtig zu spüren. Sie wollte es mit allen Sinnen erleben. Zitternd und nass, aber glücklich und zufrieden kommt sie auch heute ins Haus. Mir kommt ein Spruch in den Sinn, den ich mal gelesen habe: «Solange ich den Regen auf der Haut spüre, weiß ich genau, dass ich am Leben bin.»

Das Gewitter hat inzwischen seinen Höhepunkt überschritten, Blitze zucken nur noch selten über den langsam aufklarenden Himmel und der Regen fällt jetzt ruhig und gleichmäßig. Frau Krüger ist trocken gerubbelt und frisch frisiert, allmählich verabschiedet sich der harte Kern. Tim begleitet die Herren und Frau Bauer zurück in ihre Betten, ich bringe Frau Krüger und Frau Kunze nach oben. Frau Vogel lässt sich von Michael in ihre Gemächer begleiten. Später machen wir es uns auf den Sofas bequem und verbringen die restlichen Stunden der Nacht friedlich und ruhig. Das ändert sich, als am frühen Morgen Frau Mühlstein über die Kronenstraße saust, mit einer neuen Gartenfragen-Liste durch die Luft fuchtelnd. Heute erscheint sie besonders früh, denn die Liste ist lang. Sie übersieht uns beinahe, Michael und mich, die wir noch schlafend auf den Sofas liegen. Frau Mühlstein erfährt als Erste von den Erlebnissen der Nacht und in Windeseile weiß es das ganze Haus. Vergessen sind ihre Gartenfragen, denn jetzt feilt sie an der Dramaturgie der Gewitternacht.

Ihre Tochter wird uns später erzählen, dass sie Sturm und Gewitter schon in ihrer Kindheit liebte.

Blau

Untersuchungen belegen, dass Blau die Lieblingsfarbe der Menschen ist. Es ist die Farbe des Himmels und des Meeres, der Weisheit und Beständigkeit, der Klarheit und Reinheit. Blau schafft eine Atmosphäre von Sympathie, Geborgenheit, Freundlichkeit und Frieden. Mit Blau werden aber auch bedrückende Stimmungen beschrieben: «Ich habe den blues» ist beispielsweise eine umgangssprachliche Beschreibung für eine niedergeschlagene melancholische Stimmung. Blau hat im Wesentlichen eine tief beruhigende Wirkung. Es ist hilfreich für explosive Menschen, denn es kann Gelassenheit und Geduld begünstigen, jedoch ungünstig für Menschen in depressiven Stimmungen.

Wahrhaft entspannend wirkt ein Beet mit einer Kombination aus Lerchensporn (Corydalis elata) – die Sorte 'Blue Summit' blüht stahlblau, die Sorte 'Spinners' blauviolett – und dem glänzenden Immergrün des Rippenfarns (*Blechnum spicant*, Synonym: *Struthiopteris spicant*), die sich in halbschattiger bis schattiger Lage wohlfühlen.

Die Clandon-Bartblume (*Caryopteris × clandonensis*) mit tief dunkelblauen Blüten in dichten Blütenständen ist ein robuster Kleinstrauch für vollsonnige Standorte und nicht zu nährstoffreiche Böden. Pflanzt man eine weiß blühende Schafgarbe, beispielsweise die *Achillea filipendulina-Hybride* 'Heinrich Vogeler', dazu, holt man sich die Frische in den Garten.

Eine besonders freundlich wirkende Pflanzkombination sind die Ruthenische Kugeldistel (*Echinops ritro* 'Veitch's Blue') mit ihren stahlblauen Blüten – sie blüht von Juli bis September unermüdlich – und die Hohe Goldgarbe (*Achillea filipendulina* 'Coronation Gold'), eine gelb blühende Schafgarbe, zusammen mit dem nachtblau blühenden Steppen-Salbei (*Salvia nemorosa* 'Mainacht').

Ein interessantes Pflanzenpaar mit vitalisierender Wirkung stellen die leicht frostempfindliche Italienische Ochsenzunge *(Anchusa italica)* mit enzianblauen Blüten und die orangegelbe blühende Sonnenbraut (*Helenium*-Hybride 'Indianersommer') dar.

Harmonische Pflanzpartner sind die Bart-Iris-Sorten *Iris barbata-media* 'Morgendämmerung' mit strahlend hellblauen Blüten und die dunkelviolett blühende *Iris barbata-nana* 'Silkie'. Die Stimmung ändert sich, wenn sich eine andere Pflanzenfarbe dazugesellt. Pflanzt man zum Beispiel eine gelb blühende Bart-Iris dazu, beispielsweise *Iris barbata-nana* 'Brassie', wechselt die ruhige friedliche Stimmung in etwas leicht Heiteres.

Sie war natürlich live dabei, irgendwie. Unsere Gewitternacht bleibt jedenfalls unvergessen. Auf einem Vortrag, den ich kürzlich hielt, traf ich eine ehemalige Mitarbeiterin. Sie reden noch heute, zehn Jahre nach Projektabschluss, vom Zelten und der Gewitternacht.

Nach dem Frühstück hilft uns Herr Meinzer, die Zelte wieder aufzubauen. Frau Schneiders von nebenan bringt uns als Trostpflaster einen prall gefüllten Picknickkorb. Am Nachmittag kommt Frau Bölter in den Garten, was nicht oft passiert. «Einen schönen Gruß von Herrn Pastor Löffler. Er hat gerade angerufen. Ich soll euch ausrichten, dass er in der vergangenen Nacht sehr an euch gedacht hat und euch eine kleine Freude machen möchte. Michael, begleite mich bitte kurz und nimm die Schubkarre mit.» So schnell, wie sie aufgetaucht ist, verschwindet sie auch wieder und Michael hat Mühe, mit ihr Schritt zu halten. Wir sind alle sehr neugierig, womit uns Pastor Löffler eine Freude machen möchte. Michael kommt mit einer vollen Schubkarre zurück, beladen mit allem, was zu einer ordentlichen Grillparty gehört, der Holzkohlegrill inklusive.

Frau Schneiders von nebenan bringt uns als Trostpflaster einen prall gefüllten Picknickkorb.

Wie die Farben von Pflanzen Frau Baumann zum Singen bringen

Bevor wir den Grill anwerfen, haben wir noch einen Gartentag vor uns. Die Gartengruppe rund um ihre Vorarbeiter Frau Vogel, Herr Arnold und Herr Schubert bereitet als eingespieltes Team die Pflanzen vor. Tariq, der heute Dienst hat, transportiert die Pflanzen zu den Beeten, wo Michael und ich sie in die Erde setzen. Diesmal bepflanzen wir Beete nach Farben sortiert. Es gibt ein Beet mit ausschließlich gelb blühenden Stauden, eins mit rot blühenden, eins mit weiß blühenden und so weiter, die ganze Farbpalette in kleinen Beeten von vier Quadratmeter. «Warum pflanzen wir denn Farbkleckse?» Die Frage überrascht mich natürlich nicht, nur dass der schweigsame Tariq sie stellt, wundert mich.

Ich bitte Michael, es ihm zu erklären. Obwohl er dieses Wissen für seine Abschlussprüfung als Gärtner wohl nicht braucht, interessiert ihn alles, was im Garten Wirkung zeigt. Er weiß zum Beispiel, wie Farben wirken oder welche Wirkung Düfte haben. «Die Beete jeweils nur in einer Farbe anzulegen, lenkt die Aufmerksamkeit auf die einzelnen Farben und unterstützt das Erkennen. Was in einem farblich kombinierten Beet schwieriger ist. Dort stehen Gefühle im Fokus, die mit bestimmten Farbkombinationen in Verbindung stehen. In kunterbunten Beeten steht nicht die einzelne Farbe im Auge des Betrachters, sondern das Bunte. Großflächige einfarbige Bepflanzungen oder Farbklekse können an Erinnerungen anknüpfen oder Geschichten aufleben lassen. Auch von den Zimmern aus sind die einzelnen Farben der Beete gut sichtbar.»

Auch von den Zimmern aus sind die einzelnen Farben der Beete gut sichtbar.

Gelb

Gelb ist die Farbe der Sonne! Sie wirkt hell, aktiv und anregend und verkörpert Glück und Freude, heitert uns auf. Sie wird über große Entfernungen wahrgenommen und bildet einen Blickfang im Garten, den man sparsam und vorsichtig einsetzen sollte. Gelb ist auch die Farbe der Kommunikation (die Post ist gelb!) und der Leichtigkeit. Von hellem Zitronengelb bis zum rötlich warmen Orangegelb oder Goldgelb birgt die strahlendste aller Farben ein breites Spektrum.

Ein variationsreiches leuchtendes Sonnenbeet mit einem Blütenflor von Juni bis Oktober lässt sich unter anderem mit folgenden Pflanzen gestalten: Bronze-Fenchel (Foeniculum *vulgare* 'Rubrum'), Sonnenbraut (*Helenium*-Hybride 'Moerheim Beauty'), Stauden–Sonnenblume (*Helianthus microcephalus*-Hybride 'Lemon Queen'), Taglilie (*Hemerocallis*-Hybride 'Crimson Pirate'), Bronze-Felberich (*Lysimachia ciliata* 'Firecracker'), Goldrute (*Solidago*-Hybride 'Strahlenkrone').

Gelb kann eine Atmosphäre für Gespräche und Kontakt erzeugen. Eine kleine Staudenrabatte zum Beispiel mit Schafgarbe (*Achillea filipendulina*-Hybride 'Credo'), Gefülltem Sonnenauge (*Heliopsis helianthoides* var. *scabra* 'Asahi') und Leuchtendem Sonnenhut (*Rudbeckia fulgida* var. *sullivantii* 'Goldsturm') an einem Sitz- oder Essplatz regt zu munterem Plaudern an.

Eine gelbe vorfrühlingshafte Leichtigkeit verbreitet die Kornelkirsche *(Cornus mas)*. Die goldgelben Blüten erscheinen noch vor Blattaustrieb von Februar bis April und verströmen einen schwachen Honigduft. Die glänzend roten kleinen Früchte sind essbar und werden zwischen Ende August und Anfang Oktober reif. Der Strauch eignet sich für regelmäßige, geschnittene Hecken und als Solitärstrauch.

Die Leichtigkeit von Gelb wird durch Rosa gesteigert. Gelb-rosa-weiß ist die Farbkombination des Zarten und Kleinen. Als ideale Pflanzkombination für einen zart anmutenden Gartenbereich bieten sich an: Stockrose (*Alcea rosea*-Hybride 'Polarstar') mit weißer Blüte und gelbem Auge (Blütezeit Mai bis Oktober), Edel-Pfingstrose (*Paeonia lactiflora* 'Nymphe') mit rosafarbener Blüte mit gelbem Auge (Blütezeit Mai bis Juni) und die im Juni und Juli zartrosa blühende Großblütige Katzenminze (*Nepeta grandiflora* 'Dawn to Dusk').

Rot

Rot ist die am stärksten zum Guten anregende wie zum Bösen anstiftende Farbe. Sie ist mit Bewegung und Erregung untrennbar verbunden. Rot ist elektrisierend, dramatisch und dynamisch, prunkvoll und prächtig, ein Symbol für Reichtum und Luxus, Gefahr und Leidenschaft. Sie ist eine Signalfarbe, nicht nur im Straßenverkehr.

Rot wärmt. In einem Raum mit roten Wänden wird die Temperatur um vier Grad höher geschätzt als in einem vergleichbaren blau gestrichenen Zimmer. Rot regt den Stoffwechsel an und wirkt durchblutungsfördernd, manchmal erhitzt es sogar. Das sollte beachtet werden, wenn ein Platz zum Sonnenbaden bepflanzt wird, hier sind kühlende Farben wie das Blau angebrachter. Einen Grillplatz oder eine Feuerstelle mit rot blühenden Stauden zu bepflanzen, macht Sinn, denn das Rot hebt die Wirkung des wärmenden und romantischen Feuers noch hervor. Nachfolgend sei eine wunderbare Pflanzkombination aus warmen Rot-Tönen empfohlen: Berg-Flockenblume (*Centaurea montana* 'Merel'; Blütezeit Mai bis Juni), Roter Sonnenhut (*Echinacea purpurea* 'Magnus Superior'; Blütezeit Juli bis September), Bronze-Fenchel (*Foeniculum vulgare* 'Rubrum'; Blütezeit Juli bis September), Dunkler Storchschnabel (*Geranium maculatum* 'Espresso'; Blütezeit Mai bis Juli), Rotbraune Rutenhirse (*Panicum virgatum* 'Rehbraun'; Blütezeit August bis September), Kerzen-Knöterich (*Polygonum amplexicaule* 'Taurus'; Blütezeit Juli bis Oktober), Hohe Fetthenne (*Sedum telephium*-Hybride 'Indian Chief'; Blütezeit August bis Oktober).

Violett und Lila

Violett ist eine Farbmischung aus Blau und Rot und umfasst demzufolge verschiedene Farbtöne wie Rotviolett, Blauviolett, Lila und Fliederfarben (Violett mit Weiß gebrochen). Mit der Farbtönung ändert sich auch die Wirkung. Je nachdem, ob der Rot- oder der Blauanteil überwiegt, ist die Wirkung anregend (Rotviolett) oder verspricht höchste Beruhigung (Blauviolett). Diese Polarität drückt sich auch in der Bedeutung und Anwendung aus. Geheimnisvoll und unentschieden, so erscheint die Farbe, ist sie weder warm noch kalt. Violett ist eine Farbe der Macht, aber auch des Unmoralischen. Violett hat etwas Mystisches und Unergründliches. Im Garten ist das ganze Spektrum an Violett anzutreffen. Alle Farbnuancen erfüllen einen gemeinsamen Gartentraum, den romantischen, magischen oder verwunschenen Garten.

Ein Bepflanzungsbeispiel: Kletterrose 'Pink Cloud', Quirlblütiger Salbei (*Salvia verticillata* 'Purple Rain'), Purpur-September-Silberkerze (*Cimicifuga ramosa* 'Atropurpurea'), Garten-Rittersporn (*Delphinium cultorum* 'Pacific Astolat'), Blutweiderich *(Lythrum salicaria)*, Rote Sterndolde (*Astrantia major* 'Moulin Rouge').

Praxistipp: Farbkleckse

Die Pflanzbeispiele sind für Beete mit einer Fläche von vier bis fünf Quadratmetern auf normalem Gartenboden ausgelegt.

GELB sonniger Standort
2 × *Alcea rosea plena* 'Chaters Gelb'
9 × *Iris barbata-nana* 'Orange Tiger'
3 × *Achillea filipendulina*-Hybride 'Terracotta'
3 × *Achillea filipendulina* 'Coronation Gold'
1 × *Helenium*-Hybride 'Wonadonga'
2 × *Hemerocallis citrina*
5 × *Doronicum orientale* 'Magnificum'
2 × *Rudbeckia fulgida* var. *sullivantii* 'Goldsturm'
6 × *Alchemilla mollis*

BLAU sonniger Standort
5 × *Aster dumosus* 'Silberteppich'
10 × *Borago pygmaea*
2 × *Cichorium intybus*
3 × *Echinops ritro* 'Veitch's Blue'
6 × *Geranium pratense*-Hybride 'Johnson's Blue'
11 × *Iris barbata-nana* 'Oberschwaben'
3 × *Salvia nemorosa* 'Blauhügel'
5 × *Phlox divaricata* 'Clouds of Perfume'

ROSA-VIOLETT sonniger bis halbschattiger Standort
3 × *Phlox paniculata* 'Bright Eyes'
11 × *Allium schoenoprasum* 'Forescate'
3 × *Hyssopus officinalis* 'Roseus'
3 × *Salvia nemorosa* 'Amethyst'
6 × *Achillea millefolium*-Hybride 'Lilac Beauty'
4 × *Erigeron speciosus*-Hybride 'Dunkelste Aller'

WEISS schattiger bis halbschattiger Standort
11 × *Tiarella cordifolia* 'Brandywine'
4 × *Athyrium niponicum* 'Metallicum'
2 × *Rodgersia aesculifolia*
4 × *Anemone japonica*-Hybride 'Wirbelwind'
2 × *Aster divaricatus* (auch sonniger Standort möglich)
4 × *Astilbe thunbergii*-Hybride 'Prof. van der Wielen'

Was Michael gerade nüchtern referiert, zeigt sich direkt neben ihm in der Praxis. Darina flaniert mit Frau Baumann an den fertigen Beeten entlang. In jedem Beet steckt ein Schild, das die zukünftige Blütenfarbe ankündigt. An dem Beet, das mit «weiße Blumen» beschildert ist, beginnt Frau Baumann mit dünner Stimme an zu singen: «Wenn der weiße Flieder wieder blüht, sing ich dir mein schönstes Liebeslied.» «Det Liedchen kenn ik och, abba kennste wat mit rot?», platzt Frau Vogel dazwischen. «Rote Rosen, rote Lippen, roter Wein laden uns ein, laden uns ein», ertönt Herrn Schuberts tiefe Bassstimme. Musikalisch begleitet geht der Nachmittag zu Ende. Es überrascht mich immer wieder, wie viele Schlager noch in unseren Köpfen herumschwirren. Obwohl ich ein Kind der 1960er-Jahre bin, kenne ich sie alle, die alten Lieder. Die Seniorinnen und Senioren kennen sie sowieso, egal ob zuhörend oder selber singend. Zarah Leander, Freddy Quinn oder Marika Rökk, sie alle drehen die Zeit zurück.

Ein Beet, bepflanzt mit weiß blühenden Stauden

Frau Zehnpfennig, die Camperin mit Leib und Seele

«Heute um 18 Uhr gibt es Grillwürstchen am Zeltplatz, Sie sind alle herzlich willkommen!», ertönt scheppernd Frau Bölters Stimme über die Zimmerlautsprecher. Unsere kleine Grillparty wird kurzerhand zu einem Grillfest umfunktioniert. «Grillen geht immer.» Ich bemerke Monika erst jetzt, so sehr bin ich mit dem Anzünden der Holzkohle beschäftigt. «Ja, das stimmt. Nur muss die Kohle auch ordentlich glühen. Es gibt nichts Schlimmeres, als alle haben Hunger und der Grill ist nicht heiß.»

Grillen ist ein wichtiges Gemeinschaftserlebnis, das musste ich erst lernen. Einmal habe ich für ein Gartenprojekt im Ruhrgebiet ein Wasserspiel geplant und der Idee wurde in der Planungsphase auch zugestimmt. Meine Vorstellung war, dass die Seniorinnen und Senioren gemütlich an einem großen aus Natursteinen gemauerten Brunnen sitzen und dem plätschernden Wasser lauschen. Schon während der Bauarbeiten wurde mir klar, dass gemütliches Zusammensitzen als Gemeinschaftserlebnis im tiefen Ruhrgebiet nicht angesagt ist. Egal, wie das Wetter war, mindestens einmal in der Woche wurde der alte Grill aus dem Keller geschleppt und mitten auf der Baustelle Würstchen gegrillt. Dass aus dem geplanten Brunnen ein großer runder gemauerter Grillplatz wurde, brauche ich an dieser Stelle nicht zu begründen.

Egal, wie das Wetter war, mindestens einmal in der Woche wurde der alte Grill aus dem Keller geschleppt.

Monika wird von einer Dame begleitet, einer zierlichen Person mit einem leichten Buckel, der sie noch kleiner erscheinen ließ. Sie hält sich mit beiden Händen an Monika fest, trippelt in winzigen Schritten neben ihr her, marionettengleich fliegen ihre Beine durch die Luft und scheinen sich dabei zu

Praxistipp: Mit Natursteinen gestalten

Steine sind ein Symbol für Stabilität, Unvergänglichkeit, Härte, Dauerhaftigkeit, Zuverlässigkeit, Unzerstörbarkeit und für die Ewigkeit. Es gibt unzählige Redewendungen, die diese Qualitäten ausdrücken: Steinalt sein oder einen Stein im Brett haben, der Tropfen auf dem heißen Stein, in Stein gemeißelt, ein Stein fällt vom Herzen oder der Fels in der Brandung sein, es gibt Stolpersteine, Meilensteine oder Grabsteine, man spricht vom Stein des Anstoßes oder vom Stein der Weisen. Steine waren zu allen Zeiten Objekte der Verehrung, wie viele bekannte Monumente bezeugen. Heutzutage sind Steine in der Gestaltung von Gärten nicht wegzudenken, es gibt schlichtweg keine Gärten ohne Steine. Sie bestimmen, neben der Pflanzenauswahl, die Atmosphäre maßgeblich.

Bei der Auswahl der Steine sollte man sich am Einsatzort und der gewünschten Wirkung orientieren. So kann beispielsweise an einem Sitzplatz, der als Rückzugs- und Ruheoase angedacht ist, eine Natursteinmauer aus gebrochenen und etwa gleich großen terracotta-orangen Sandsteinquadern die gewünschte Wirkung von Ruhe und Geborgenheit unterstützen. An einem Ort im Garten, an dem zum Beispiel Gedächtnistraining angeboten wird, könnte eine Mauer aus geschnittenen gleich großen Quadern als regelmäßiges Schichtmauerwerk gebaut werden, um die Aufmerksamkeit zu halten. Eine Mauer aus großen Findlingen wirkt anders als eine Trockenmauer aus kleinen gebrochenen Steinen, die eher eine betriebsame Atmosphäre unterstützen. Als Einfassung eines Platzes, an dem Hochbeete stehen, könnte eine Trockenmauer aus nicht behauenen Natursteinen in unregelmäßiger Form und Größe eine sinnvolle Ergänzung sein, um Aktivität zu fördern. Die trocken aufeinander geschichteten Steine bieten zudem Platz für Wildbienen, Hummeln und andere Tiere und Pflanzen, die sich in den Fugen ausbreiten können. Übrigens sind Steine im Garten auch ein Stück Heimat, sofern das Material aus der Region stammt.

Folgende kleine Übung kann dabei helfen, den Wirkungszusammenhängen auf die Spur zu kommen, um die richtigen Steine für die geplanten Strukturen in einem Garten für Menschen mit Demenz auszuwählen: Schauen Sie sich verschiedene Steine an und beschreiben Sie sie möglichst genau. Die Adjektive, die Sie verwenden, geben Hinweise auf die Stimmung, die die Steine im Garten unterstützen können. Diskutieren Sie, inwieweit spitze oder schroffe Steine, helle, dunkle, runde, glatte oder bunte Steine die gewünschte Aufenthaltsqualität unterstützen. Machen Sie diese Übung in einer Gruppe und diskutieren Sie die unterschiedlichen Wahrnehmungen.

Es gibt viele Steine, die ihren festen Platz in einem Garten für Menschen mit Demenz haben, aber Gabionen (mit Steinen gefüllte Drahtkörbe) sollten draußen bleiben.

Lagerfeuer und Stockbrot im Altenheimgarten

verheddern. Es sieht aus, als wenn sie den Boden gar nicht berührt, sich von Monikas starkem Arm tragen lässt. Ihre wässrigen, blauen Augen wandern für einen kurzen Moment zwischen Monika und mir hin und her, bis sich ihr Blick wieder in der Ferne verankert. Im Garten hatte ich sie noch nicht gesehen. Wahrscheinlich ist sie in eines der Zimmer gezogen, die Michael und ich frei gemacht haben. «Frau Zehnpfennig, darf ich Ihnen Frau Kreuer vorstellen, unsere Gärtnerin. Frau Zehnpfennig wohnt seit gestern bei uns auf der Kaiserstraße.» Sie reagiert nicht auf Monikas Worte und trippelt unruhig mit den Füßen auf der Stelle. Ich begrüße sie mit einem Lächeln. «Wir wollen uns euer Zeltlager anschauen, Frau Zehnpfennig ist nämlich begeisterte Camperin. Dürfen wir mal in ein Zelt reinschauen?» Natürlich dürfen sie. Monika führt Frau Zehnpfennig an der Hand Richtung Zeltplatz. Je näher sie kommen, umso mehr Bodenkontakt bekommt ihr Gang. Sie hält sich nur noch mit einer Hand fest und die letzten Meter legt sie mit wackeligen Schritten selbstständig zurück. Später wird mir Monika erzählen, dass die alte Dame ihr halbes Leben unterm Himmelszelt verbracht hat. Die Zeit jedenfalls, die nach dem Krieg begann. Sie war bereits mit dem Zelt unterwegs, als es noch keine Campingplätze gab, als die Lager auf Wiesen und Weiden errichtet wurden, mit Donnerbalken und Klappspaten. Eine Zeltplane reichte aus als Dach über dem Kopf und kam purer Freiheit gleich. Frau Zehnpfennig steht vor unseren Zelten und lächelt. Seit dieser Begegnung begleitet sie täglich jemand nach draußen. Dann sitzt sie vor und manchmal auch in den Zelten und saugt den typischen Campinggeruch in sich auf, eine Mischung aus Luftmatratzengummi und Apfelkitsch. Mit Sicherheit schöpft sie dann jedes Mal aus ihren Erinnerungen und packt so manchen Rucksack für die nächste Tour. Ich freue mich für sie. Viele Wochen später, wenn unsere Zelte schon lange nicht mehr im Garten stehen, wird Frau Zehnpfennig täglich nach draußen gehen, um den Campingplatz zu suchen.

Mit Sicherheit schöpft sie dann jedes Mal aus ihren Erinnerungen und packt so manchen Rucksack für die nächste Tour.

Praxistipp: Milieugestaltung

Mit Gartenaccessoires können Stimmungen erzeugt und Milieus gestaltet werden. Ein Milieu ist die soziale Umgebung einer Person, durch die ihr Denken und Handeln geprägt wurde. Die Gestaltung eines Gartens für Menschen mit Demenz orientiert sich an dem Milieu, aus dem die Person oder Personengruppe stammt, und an den Biographien der zukünftigen Nutzerinnen und Nutzer. Ziel ist es, verloren gegangene Fähigkeiten in einer vertrauten Umgebung aufleben zu lassen und in einem sicheren Umfeld auszuprobieren. Milieugestaltung kann dabei helfen, die Identität länger zu bewahren, und Sicherheit und Selbstwert vermitteln.

Strohballen und andere ländliche Accessoires wie Zinkwannen, Leiterwagen, Milchkannen oder Kuhglocken sichtbar im Garten platziert können Bestandteil einer Milieugestaltung sein, denn die bäuerliche oder ländliche Kultur ist vielen Seniorinnen und Senioren vertraut. Die Selbstversorgung prägte lange Zeit ihren Lebensalltag und die damit verbundenen Tätigkeiten, Sitten und Ritualen sind in ihren Erinnerungen verankert.

Vogelscheuchen tragen zur ländlichen Atmosphäre bei.

Herr Pfeiffer führt die Oberaufsicht

Ich fächere immer noch die Kohle, als sich nach und nach die ersten Bewohnerinnen und Bewohner um mich versammeln. Der harte Kern ist zuerst draußen. Darina, Monika und Tariq werden von Michael unterstützt. Sie haben alle Hände voll zu tun, denn gut 40 Menschen wollen mit dabei sein. Sie schieben Rollstühle, führen Bewohnerinnen und Bewohner an der Hand oder schaffen Platz für Rollatoren. Es nimmt einige Zeit in Anspruch, bis alle den richtigen Platz für sich gefunden haben. Herr Meinzer kommt mit einem großen Tablett voller Würstchen und übernimmt das Grillen. «Diesmal machen wir es wie am Würstchenstand und essen die Wurst auf der Faust», verkündet Monika und schützt vorsorglich den Schoß der einen oder anderen Bewohnerin mit Servietten. Frau Bauer und Herr Schubert wollen auf den neuen Strohballen sitzen. Michael hilft ihnen, sich auf den knapp 40 Zentimeter niedrigen Ballen niederzulassen. «Herr Meinzer hat neue Ballen besorgt, die alten sind klatschnass geworden beim Gewitter. Zum Glück können wir das nasse Stroh noch für das Beerenobst gebrauchen. Michael, warum nutzt es da?» Ja, ich bin nervend mit meiner Fragerei, aber als Ausbilderin habe ich nun mal Verantwortung. Michael weiß natürlich alles über das Mulchen von Beerenobst.

«Diesmal machen wir es wie am Würstchenstand und essen die Wurst auf der Faust.»

Ich bin stolz auf ihn. Herr Pfeiffer, anscheinend motiviert durch meine lehrmeisterhafte Fragerei, mischt sich ein. Herr Pfeiffer wohnt schon lange in St. Elisabeth. Er beteiligt sich wenig, beobachtet aber unser Gartenprojekt aus der Ferne. Mit skeptischem Blick verfolgt er täglich unser Tun. Manchmal grummelt er leise vor sich hin. Mit geradem Rücken steht er da, die Beine hüftbreit und die Knie durchgedrückt. Sein hellblaues Hemd hat er ordentlich unter einem grauen Pullunder verstaut. «Die Strohballen werden von den Maschinen der Welger-Brüder gepresst. Ordentliche Ballen machen die.» Während er referiert, durchschreitet er mit zackigen Schritten sein selbst gestecktes Terrain. Die Hände hat er auf dem Rücken verschränkt, mit einer Hand das andere Handgelenk fest umschlossen. «Die Ballen sind schwer, 20 Kilogramm wiegen die, liegen auf dem Feld rum, müssen von Hand aufgeladen werden. Die Welger mit ihrem langen Hals spuckt die Ballen aus wie ein Drachen. Ist Männerarbeit, die Dinger aufzuladen. Ich helfe manchmal, aber nur, wenn Not am Mann ist.» Er presst seine Worte heraus, stoßweise wie die Ballen aus der Maschine. Niemand hört ihm zu.

Praxistipp: Die vier Jahreszeiten und der phänologische Kalender

Uns allen sind sie von Kindesbeinen an wohl vertraut, die vier Jahreszeiten: Frühling, Sommer, Herbst und Winter. Mit ihren Düften, Geräuschen, Temperaturen, Niederschlägen, Stürmen. Jede Zeit hat(te) ihre typische Erscheinungsform. Am deutlichsten nehmen wir eine Jahreszeit wahr, wenn die Natur im Begriff ist, in die nächste zu wechseln. Diese Übergänge sind es, die unsere Aufmerksamkeit bündeln: die ersten Blüten im Frühling, die erste lange Sommernacht, die ersten Äpfel frisch vom Baum gepflückt, der erste Schnee. Für Menschen mit Demenz müssen diese Übergänge bewusst gestaltet werden, damit sie im Jahreskreis Orientierung finden können. Neben den Pflanzen können beispielsweise gemeinsam zubereitete saisonale Spezialitäten – man denke an die ersten neuen Kartoffeln – dazu beitragen oder ein der Jahreszeit entsprechend dekorierter Tisch oder eine Ecke im Wohnraum.

Außer den kalendarischen Jahreszeiten gibt es solche, die die Natur vorgibt. Diese werden im sogenannten phänologischen Kalender dargestellt, der den Entwicklungsverlauf der Natur in zehn Jahreszeiten vom Vorfrühling bis zum Winter widerspiegelt. Jeder phänologischen Jahreszeit sind Zeigerpflanzen zugeordnet: Die Blüte der Haselnuss kündigt beispielsweise den Beginn des Vorfrühlings an, die Blüte des Apfelbaums läutet den Vollfrühling ein und die Linde öffnet ihre Blüten im Hochsommer.

Der phänologische Kalender orientiert sich immer am aktuellen Entwicklungstand der Natur in einer Region, der von Jahr zu Jahr schwanken und unmittelbar gefühlt, gerochen und gesehen werden kann. Die Zeigerpflanzen sind altbekannte Begleiter, die uns im Rhythmus der Natur verankern.

Herr Schubert war der Milchfuhrmann

Auch für Herrn Schubert scheinen die Strohballen ein Anker in die Vergangenheit zu sein. «Strohballen lagen da auch immer rum, wo ich die Milch abholte. Die schützen die Milchkannen, wenn es zu heiß wird oder zu kalt. Mein Vater ist auch Milchfuhrmann gewesen. Mit dem Pferdegespann ist er los die Kannen einsammeln. Jeden Tag bei Wind und Wetter und ich als kleiner Knirps mit auf dem Bock. Dann sind wir auf dem Rückweg von der Molkerei immer in die Wirtschaft rein, da standen schon all die anderen Pferdewagen vor der Tür. Manchmal sogar in Zweierreihen, so viele waren wir und ich Knirps zwischen all den starken Männern. Stolz wie Oskar war ich. Als ich dann selber Milchfuhrmann wurde, bin ich mit dem Trecker los die Milch einsammeln, nicht mit der Pferdekutsche. Jeden Tag die gleiche Tour. Später sogar mit dem Tankwagen. Beim Milch einsammeln habe ich meine Anni kennengelernt. Die ist leider schon tot, meine Anni. Viel zu früh gestorben. Das kommt von der Schufterei früher im Stall. Immer musste sie helfen. Zwölf Kühe von Hand melken, und das als junges Ding. Und dann die schweren Kannen schleppen. Meine liebe Anni. Tot ist sie, viel zu früh. Einfach umgefallen ist sie, viel zu früh.» Herrn Schuberts Stimme wird immer dünner, bis er ganz verstummt.

Ein ständiges Kommen und Gehen begleitet uns durch den Abend. Als der Letzte endlich sein Würstchen auf der Faust hat, wollen die Ersten auch schon wieder rein. Schnell wird es zu kalt oder zu windig oder jemand muss zur Toilette. Trotzdem schaffen wir es, 50 Würstchen zu verputzen. Hut ab! Wer weiß, wie viele auf Emmas Konto gehen?

Gartenlust geht alle an

Der letzte Tag der zweiten Projektwoche steht an. Das Wetter ist schön und wir wollen noch ein Beet bepflanzen. Außer dem harten Kern gesellen sich heute nur vereinzelt Bewohnerinnen und Bewohner zu uns. Vielleicht liegt es daran, dass Tim und Darina frei haben. Von allen Beschäftigtem brennen die beiden am meisten für den neuen Garten. Unermüdlich versuchen sie, jeden Tag so viele alte Menschen wie möglich nach draußen zu begleiten. Denn die meisten Seniorinnen und Senioren sind auf Unterstützung angewiesen, etwa, weil sie im Rollstuhl sitzen oder es sich nicht alleine zutrauen rauszugehen, andere finden erst gar nicht den Weg und manche müssen gelockt werden. Bleibt diese Unterstützung aus, kommen die Bewohnerinnen und Bewohner nicht an die frische Luft. Ihr Tag findet dann an Tischen sitzend drinnen statt.

Seniorinnen und Senioren sind auf Unterstützung angewiesen.

Viele Monate später wird mir Frau Bölter berichten, dass neben Darina und Tim noch andere Mitarbeiterinnen und Mitarbeiter den Spaß am Gärtnern entdeckt haben. Meine Erfahrung ist, je mehr das Personal an der Gestaltung des Gartens mitwirken kann, umso nachhaltiger wird die Nutzung in

Beispiele für Zeigerpflanzen

Jahreszeit	**Zeigerpflanze**
Vorfrühling	Hasel und Sal-Weide (Blüte)
Erstfrühling	Forsythie und Rote Johannisbeere (Blüte); Birke und Buche (Laubentfaltung)
Vollfrühling	Flieder und Weißdorn (Blüte); Eiche und Hainbuche (Laubentfaltung)
Frühsommer	Margerite, Klatschmohn, Schwarzer Holunder und Eberesche (Blüte)
Hochsommer	Lavendel, Sonnenblume, Linde (Blüte); Rote Johannisbeere (Früchte)
Spätsommer	Heidekraut, Rainfarn und Goldrute (Blüte); Eberesche (Fruchtreife)
Frühherbst	Herbstzeitlose (Blüte); Schwarzer Holunder (Fruchtreife);/ Kornelkirsche (Früchte)
Vollherbst	Eiche (Fruchtreife); Rosskastanie (erste Früchte fallen herunter)
Spätherbst	Eiche (Blattverfärbung); Eberesche (Blattfall)
Winter	Eiche und spätreifender Apfel (Blattfall)

Je mehr Zeigerpflanzen im Umfeld wachsen, umso deutlicher kann die Natur zur zeitlichen Orientierung für Menschen mit Demenz beitragen. Ein gepflanzter phänologischer Kalender, zum Beispiel in Form einer Jahreszeitenuhr, bietet neben Orientierung reichlich Gesprächsanregungen und Impulse für Aktivitäten.

den Pflegealltag integriert. Ebenso verhält es sich mit dem Wissen um die positive Wirkung von Natur, die im Rahmen von gemeinsamen Gartenprojekten erfahrbar wird.

Wie die Jahreszeitenhecke dient die Jahreszeitenuhr der zeitlichen Orientierung.

Das letzte Beet, das wir bepflanzen, soll eine Jahreszeitenuhr werden. Dazu wählen wir Stauden und Kräuter, die zu einer genau definierten Jahreszeit blühen oder Früchte tragen. Wie die Jahreszeitenhecke dient die Jahreszeitenuhr der zeitlichen Orientierung. Denn jeder weiß: Wenn die Pfingstrosen blühen, ist der Sommer nicht mehr weit.

Der Neue von der Kaiserstraße

Ich sortiere die benötigten Pflanzen aus, Herr Meinzer schleppt die Kisten ran, Michael reicht verschiedene Kräuter zum Schnuppern im Kreis herum und die beiden Teams stürzen sich auf die ersten Pflänzchen. Sie finden schnell in den vertrauten Arbeitsrhythmus und arbeiten konzentriert vor sich hin. An Herrn Schuberts Pflanztisch gesellen sich wie gewohnt Frau Bauer, Frau Winter und Frau Kunze. An Frau Vogels Seite arbeitet lediglich Herrn Blume, aber klar im Vorteil, da vom Fach. Trotzdem feuert Frau Vogel ihn deutlich hörbar an: «Dat muss schneller jeen, liebe Leute, aber nich nach dem Motto: Die Arbeet jacht ma, aber ick bin schneller.» Ich bin verwundert, denn so aufgekratzt erlebe ich sie meistens nur, wenn sie nichts zu tun hat. Als Maite mit einem Herrn an ihrer Seite aus dem Gemeinschaftsraum tritt, ahne ich, warum sie so unruhig ist. Herr Schaller heißt der Mann und er ist der Neue auf der Kaiserstraße. Ganz der Gentleman, führt er Maite am Arm in den Garten, wo er sie mit einer Verbeugung bei uns an den Pflanztischen entlässt. Nun schenkt er Frau Vogel seine ganze Aufmerksamkeit, die seinen Blick unverwandt erwidert. Wir anderen sind still geworden und halten mit der Arbeit inne. Für mich wirkt es so, als wenn sie sich wiedererkennen und nicht mehr loslassen wollen.

Später erfahre ich von Maite, dass sich die beiden schon am Vortag begegnet sind und es ihr auch so vorkam, als wenn sie sich bereits kennen.

Praxistipp: Selbstwirksamkeit erfahren

Selbstwirksamkeit bedeutet, darauf zu vertrauen, über die Fähigkeit zu verfügen, eine Handlung erfolgreich ausführen zu können. Selbstwirksamkeit setzt die Überzeugung voraus, in der Lage zu sein, mit dem eigenen Verhalten und eigenen Entscheidungen etwas zu bewirken. Diese Erfahrung stärkt das Selbstbewusstsein.

Das Gegenteil von Selbstwirksamkeit ist Machtlosigkeit, die Wahrnehmung, dass das eigene Handeln keinen Einfluss auf den Ausgang einer Sache haben wird. Was zu Resignation, Apathie oder negativer Selbstbewertung führen kann.

Selbstwirksamkeit ist erlernbar und der Glaube an die eigenen Fähigkeiten nimmt mit jedem Erfolgserlebnis zu. Auch Menschen mit Demenz können Selbstwirksamkeit erfahren.

Das Erleben von Selbstwirksamkeit

Dabei müssen sie nicht immer selbst aktiv werden. Es kann bereits genügen, dabei zuzuschauen, wie jemand anderes eine Aufgabe oder ein Problem löst, vor dem die Person selber steht. Beim Zuschauen steigt die Überzeugung, selber in der Lage zu sein, die Aufgabe zu bewältigen. Wichtig dabei ist, dass sich zuschauende und ausführende Person möglichst ähnlich sind, um den Effekt zu verstärken.

Betätigt zum Beispiel eine Dame, die im Rollstuhl sitzt, eine Schwengelpumpe und befördert so Wasser nach oben, können zuschauende Personen mit ähnlicher Mobilitätseinschränkung ebenfalls einen positiven Effekt auf ihre Selbstwirksamkeit spüren. Innerhalb einer festen Gartengruppe erlebe ich das häufig. Eine Person wird tätig und alle anderen partizipieren am Erfolg. Die Gruppe gibt zudem einen Rückhalt und Bestätigung und macht Mut zu neuen Erfahrungen.

Gerade bei leichten Tätigkeiten wie dem Pflanzen und Ernten können Menschen mit Demenz neu erleben, dass sie etwas bewirken können, und erfahren gleichzeitig Einfluss und Kontrolle.

Dritte Projektwoche

Frau Vogel lässt das Gießen sein

Heute beginnt unsere letzte Projektwoche. In den vergangenen beiden Wochen haben wir Stauden, Sträucher, Bäume und Beerenobstrabatten gepflanzt und Herr Blume hat die Bewässerung der Pflanzen zu seinem Verantwortungsbereich erklärt. Anfangs gab es Diskussionen, da auch Frau Vogel diese Verantwortung innehaben wollte. Sie versteckte die Gießbrause und manchmal sogar den ganzen Schlauch, wer ihr dabei geholfen hat, bleibt ihr Geheimnis. Herr Blume war natürlich sauer und das Problem war nur dadurch zu lösen, dass wir zwei Schläuche angeschlossen haben. Jeder bekam von mir einen eigenen Verantwortungsbereich zugeteilt und die Gifterei hatte ein Ende. Mit dem Einzug von Herrn Schaller endete das Interesse von Frau Vogel am Gießen.

Sie versteckte die Gießbrause und manchmal sogar den ganzen Schlauch.

Frau Vogel sitzt seit 8 Uhr auf der Terrasse und schaut uns zu. Der harte Kern ist um 10 Uhr da und Tim begleitet weitere Bewohnerinnen und Bewohner nach draußen. Um halb elf ist es so weit, Herr Schaller hat seinen ersten offiziellen Auftritt zur Gartenarbeit. Der Himmel ist wolkenverhangen und die Sonne lässt sich heute mit Sicherheit nicht blicken. Herr Schaller scheint sich in seiner Kleiderwahl an äußeren Bedingungen nicht zu orientieren. Im weißen Anzug steht er da, mit schwarzem Hemd und gelber Krawatte, eine Carrera-Sonnenbrille verdeckt seine Augen und ein Panamahut sitzt lässig auf seinem Kopf. Er lächelt, so als wenn er uns mitteilen möchte, dass er den weißen Anzug nicht trägt, um sich schmutzig zu machen, sondern um Spaß zu haben. Tim hat ähnliche Gedanken wie ich und flüstert mir zu: «Er rüstet sich auf jeden Fall nicht für eine Schlammschlacht, so wie viele Männer das tun, wenn sie in Outdoorjacken ins Büro gehen. Ein Mann trägt den weißen Anzug, um zu signalisieren, dass er vom Alltag nicht tangiert ist.»

Apfelbäume pflanzen für besondere Menschen

Während ich mich noch an Herr Schallers Erscheinung erfreue, hat Michael das Werkzeug für die heute anstehenden Arbeiten bereitgestellt. Wir wollen eine kleine Streuobstwiese ins Zentrum des Gartens pflanzen, die sechs Apfelhochstämme wurden bereits letzte Woche geliefert. Es ist gar nicht so einfach, um diese Jahreszeit große pflanzfertige Bäume zu bekommen. Natürlich ist es auch nicht die beste Jahreszeit für die Pflanzung von Obstbäumen, aber das kann man sich nicht immer aussuchen.

Wir wollen nicht einfach nur Bäume in die Erde setzen. Nein, es soll ein richtiges Pflanzfest werden. Frau Bölter hat sich in der letzten Woche überlegt, dass die sechs Apfelhochstämme verschiedenen Bewohnerinnen und Bewohnern gewidmet werden, die wenn möglich auch gleich die Patenschaft für die Bäume übernehmen. Wer für die Widmung in Frage kommt, durf-

Praxistipp: Naschen am Wegesrand

Essen und Trinken hält Leib und Seele zusammen, das gilt auch für Menschen mit Demenz. Gutes Essen bedeutet Lebensqualität und kann auch ein Stück Heimat sein, zudem ist eine ausgewogene Ernährung essenziell für die Gesundheit und das Wohlbefinden.

Menschen mit Demenz können im Verlauf der Krankheit ihr Gefühl für Hunger und Sättigung verlieren. Manch einer versteht die Bedeutung und den Sinn von Essen und Trinken nicht mehr und lehnt die Nahrungsaufnahme ab. Wieder jemand anderes weist das angebotene Essen aufgrund veränderter Geschmackswahrnehmung zurück, die sich häu-

Naschen am Wegesrand

fig in Appetitlosigkeit bemerkbar macht. Besonders saure Lebensmittel stehen nicht mehr hoch im Kurs, während Süßes von vielen bevorzugt wird. Seniorinnen und Senioren, die viel in Bewegung sind, laufen oder zu großer Unruhe neigen, können oftmals ihren hohen Energiebedarf nicht decken, weil sie zu wenig essen. Hinzu kommt, dass sie häufig nicht in der Lage sind, bei den Mahlzeiten ruhig am Tisch zu sitzen. Im weiteren Krankheitsverlauf können Schluckstörungen auftreten, die das Essen und Trinken zusätzlich erschweren. Das Essen wird zum Kraftakt und das nimmt nicht nur die Freude daran, sondern führt zwangsläufig in eine Mangelernährung. In der Praxis haben sich verschiedene Möglichkeiten bewährt, wie Menschen mit Demenz wieder zum Essen motiviert werden können. Fingerfood anzubieten, ist beispielsweise eine gute Möglichkeit, die Selbstständigkeit beim Essen zu unterstützen. Besonders für diejenigen, die nicht mehr mit Besteck essen können oder wollen, ist es erleichternd, die Speisen einfach mit den Fingern zu essen. Zudem können fast alle Speisen als Fingerfood angeboten werden, wenn sie entsprechend zubereitet werden.

Auch das Essen während des Gehens ist ein Konzept, um Mangelernährung vorzubeugen, möglich ist dies durch das so genannte «Eat by Walking». Dabei werden einzelne Speisen der Mahlzeit, beispielsweise zum Frühstück Brot, Brötchen oder ein Stück Obst, einfach mit auf den Weg gegeben. Zusätzlich können im Haus «Imbiss-Stationen» eingerichtet werden, an denen sich die Betroffenen während des Gehens mit Fingerfood bedienen können. Wichtig ist, dass diese Imbiss-Stationen regelmäßig aufgefüllt, sauber gehalten und alle hygienischen Rahmenbedingungen erfüllt werden.

Der Garten kann ebenfalls ein Angebot im Sinne des Konzepts «Eat by Walking» bereithalten. Beerenobst, gepflanzt am Wegesrand, bietet die Möglichkeit, im Vorbeigehen direkt vom Strauch zu naschen. Meine Erfahrung ist, dass die roten, schwarzen oder gelben Früchte von Himbeeren, Johannisbeeren oder Stachelbeeren geradezu auffordernden Charakter haben. Gemeinsam mit Angehörigen oder alleine, Beeren locken immer. Mein Tipp: Bei allen gärtnerischen Aktivitäten eine passende Nascherei anbieten, beispielsweise beim Pflanzen der Sträucher die entsprechenden Früchte. Schon oft konnte ich erleben, dass beispielsweise Himbeeren in Windeseile weggefuttert werden, wenn sie auf einem weißen Teller angerichtet sind und dort angeboten werden, wo gepflanzt wird. Und gibt es zur Pflanzzeit keine frischen Früchte, tiefgefrorene schmecken auch.

Ein weiterer Vorteil: Das Obst ist gleich unter Aufsicht, was wegen Wespen und anderer Insekten bei Imbiss-Stationen im Freien, anders als im Innenraum, unbedingt erforderlich ist.

Praxistipp: Die Werkgruppe

Es gibt eine Fülle an handwerklichen Tätigkeiten, die im und für den Garten Anwendung finden können. Die ältere Generation ist mit dem Handwerk groß geworden und das, was wir in Freilicht- oder Bauernmuseen bewundern, war für viele alte Menschen das Alltagsgeschäft: Holz zu bearbeiten oder zu verbauen, gehörte zum Leben dazu. Auch in einem Pflegeheim können die altbekannten Tätigkeiten aus dem Handwerk wieder einen Platz im Alltag finden. In sogenannten Werkgruppen kann regelmäßig gewerkelt werden, dabei entstehen einfache Holzobjekte für den Garten wie Vogelhäuschen oder Insektenhotels. Dabei kommt es nicht nur auf die Bearbeitung des Holzes an, auch das Tasten und Erspüren der Oberflächen spielt eine Rolle. Vielleicht gibt es in der Nachbarschaft oder im nahen Umfeld einen pensionierten Schreiner, Tischler oder Zimmermann, der eine Werkgruppe betreuen möchte? Oder eine Schreinerin in Ausbildung möchte ihr Können zur Verfügung stellen? Vielleicht lässt sich auch ein Ausflug in eine Schreinerei oder ein Sägewerk organisieren. Die Geräusche, Düfte und die Arbeitsatmosphäre wecken sicherlich Erinnerungen.

Hinweis: Für alle die, die den schönen Künsten zugetan sind, kann es beispielsweise eine Kunstgruppe geben. Ich kenne eine solche Kunstgruppe für Menschen mit Demenz und bin bei jedem Besuch hocherfreut, wenn ich wieder ein neues Kunstobjekt wie beispielsweise ein Windspiel im Garten entdecke.

Arbeiten mit der Werkgruppe: Zaun lasieren

ten ihre Mitarbeiterinnen und Mitarbeiter entscheiden. Innerhalb kürzester Zeit diskutierte die ganze Belegschaft. Souverän übernahm Frau Mühlstein die Diskussionsleitung. Werden die beliebtesten Bewohnerinnen und Bewohner auserwählt oder die aktivsten? Sollen diejenigen bedacht werden, die am längsten in St. Elisabeth leben oder die ältesten unter den Seniorinnen und Senioren? Können auch Verstorbene berücksichtigt werden? Fragen über Fragen. Frau Mühlstein fertigte ihre bewährten Listen an und nach zwei Tagen stand die Entscheidung fest. Von der Gartengruppe wurde Frau Sommer ausgewählt, sie ist mit 99 Jahren die älteste Bewohnerin. Zwei verstorbene Bewohnerinnen werden für ihr jahrelanges Engagement im im Beirat der Bewohnerinnen und Bewohner geehrt, eine Dame aus der Gruppe der Kartoffelschälerinnen wird für ihren unermüdlichen Einsatz in der Hauswirtschaft bedacht und ein Herr aus dem zweiten Obergeschoss, weil er am längsten in St. Elisabeth wohnt. Natürlich ist auch Frau Vogel dabei, da sie mit Abstand die kämpferischste Bewohnerbeiratsvorsitzende ist, die St. Elisabeth jemals hatte.

Ehrung, Widmung und Baumpaten

Die Auserwählten sowie die Angehörigen der Verstorbenen nehmen die Auszeichnung an. Frau Mühlstein hatte in der letzten Woche alle Hände voll zu tun, Angehörige, Nachbarschaft und Presse einzuladen, denn Frau Bölter wünscht ein großes Fest. Heute Nachmittag soll nun feierlich gepflanzt werden.

Herr Schallers Auftritt fällt mitten in die Festvorbereitungen. Er setzt sich neben Frau Vogel auf die Terrasse und schaut zu. Herr Arnold und ich stapfen über die Wiese und stechen als Platzhalter dort, wo ein Baum gepflanzt werden soll, einen Spaten in die Erde. Am Nachmittag werden nicht wir, sondern die auserwählten Bewohnerinnen und Bewohner mit ihren Angehörigen sowie die Angehörigen der Verstorbenen ihren Baum in die Erde setzen. Ich unterstütze natürlich dabei und wir werden auch das Pflanzloch gemeinsam wieder zuschaufeln. Aber jetzt buddeln wir erst mal die Löcher und schlagen die Baumpfähle rein. Während Michael und Herr Arnold zum Spaten greifen, bastelt Darina mit einer Gruppe Bewohnerinnen und Bewohner die Schilder für die Bäume. Wegen der knappen Vorlaufzeit ist Improvisation angesagt. Darina hat in der Schule ihrer Tochter einen Brennpeter ausgeliehen. Mit diesem kleinen Holzbrenngerät werden die Namen der Auserwählten in großen Buchstaben auf Holzstücke geschrieben.

Asperula taurina – Turiner Meister

Praxistipp: Garten für bettlägerige Menschen

Etwas abgerückt vom Hauptgeschehen des Gartens von St. Elisabeth befindet sich ein Bereich, der auf die Bedürfnisse und Fähigkeiten bettlägeriger Menschen abgestimmt ist. Seine Gestaltung, eine Mischung aus sanfter Stimulation und entspannender Atmosphäre, zielt auf das Wohlbefinden und die sinnliche Stimulation der Besucher ab. Geschützt in einer Nische, die eine helle Sandsteinmauer bildet, findet sich ausreichend Platz für ein Pflegebett und eine kleine Sitzgruppe für Begleitung, Pflegende oder Angehörige. Von einem kleinen Hügel plätschert ein Bachlauf leise vor sich hin. Im Halbschatten auf dem lehmigen Boden breitet sich der Turiner Meister *(Asperula taurina)* aus. Seine üppige Blütenpracht verströmt von Mai bis Juni einen milden Duft und lässt sich wunderbar zu Duftsträußen binden. Für einen zusätzlichen visuellen Anreiz sorgen Pflanzpartner wie beispielsweise das Japan-Goldbrandgras (*Hakonechloa macra* 'Aureola') mit seinen goldbunt gestreiften Blattschöpfen oder große Graublatt-Funkien (*Hosta*-Hybride 'Hacyon').

Der Platz ist vom Gemeinschaftsraum schnell zu erreichen, so dass es keine langen Wege für den Transfer gibt, zudem ist ausreichend Schatten vorhanden und es stören weder Verkehrslärm noch sonstige laute Geräusche. Bei der Gestaltung muss unbedingt darauf geachtet werden, dass es zu keiner Überforderung oder Reizüberflutung kommt, denn besonders schwerstdemente Menschen sind Außenreizen schutzlos ausgeliefert. Der Garten kann ein Ort sein, um liegend teilzuhaben. Vorausgesetzt, die Türen sind breit genug, so dass ein Pflegebett hindurch passt.

Herr Schaller präsentiert den Spaten

Kaum beginnen Michael und Herr Arnold mit dem Graben der Löcher, steuert Herr Schaller zielsicher auf einen Spaten zu, schultert ihn und marschiert über die Wiese zurück zur Terrasse. Dort bleibt er stehen und ruft: «Präsentiert den Spaten.» Nun nimmt er den Spaten von der linken Schulter und hält ihn so, dass das Spatenblatt etwa auf Kopfhöhe zum Gesicht zeigt. Seinen rechten Arm hält er auf Schulterhöhe angewinkelt zum Körper, die Innenseite der rechten Hand zeigt auf den Boden. Er beginnt zu singen:

«Der Morgen graut im Osten
der neue Tag bricht an
lasst nicht den Spaten rosten
lasst nicht den Spaten rosten
steh auf du Arbeitsmann
Falleri Fallera
steh auf du Arbeitsmann.»

Nachdem er dreimal die gleiche Strophe gesungen hat, stellt er den Spaten mit dem Spatenblatt nach unten zwischen die gespreizten Beine und legt seine Hände überkreuzt auf den Handgriff. Er ruft die Handgriffe wie im Schlaf ab, so als wenn sie in jeder Zelle seines Körpers abgespeichert sind. Alle schauen ihn an, niemand sagt etwas.

Das Ernten von Lavendel fördert die Feinmotorik und ist ein Dufterlebnis.

Praxistipp: Einfache Tätigkeiten wirken aktivierend

Menschen mit Demenz verfügen über Fähigkeiten, die es zu aktivieren gilt, und ein Garten muss Angebote bereithalten, die diese Fähigkeiten aufleben lassen, unabhängig von der Schwere einer Demenz. Tätigkeiten wie beispielsweise Schnittlauch oder Bohnen in akkurat gleich große Stückchen zu schneiden, setzen gute Feinmotorik voraus. Meistens brauche ich dazu gar keine Anweisung zu geben, zumal mir ordentliches Schnibbeln nicht unbedingt liegt, es finden sich immer Personen, die Gemüse oder Kräuter in akkurat gleich große Stücke schneiden, nicht zu klein, aber auch nicht zu groß.

Handarbeit: Gießen erwünscht!

Eine Schnittlauchhecke als Beeteinfassung oder Wegbegleiter eignet sich bestens, um diese Fähigkeiten aufleben zu lassen.

Es braucht nicht viel Vorbereitungen vonseiten der Betreuenden, Pflegenden oder Angehörigen. Ein paar Stühle vor die Schnittlauchreihen aufgestellt, einen Eimer für die abgeschnittenen Halme und eine leichte Küchenschere, dann kann es losgehen. Alle, die nicht selber schneiden können oder wollen, haben auf jeden Fall den Duft von frischem Schnittlauch in der Nase. An einem weiteren Arbeitsplatz werden die Halme weiterverarbeitet. Dort nehmen diejenigen Platz, die ihre feinmotorischen Fähigkeiten schnibbelnd ausleben wollen. Es empfiehlt sich, die Arbeit kurz vor dem Mittagessen auszuführen, denn der Duft von Schnittlauch macht Appetit.

Die Ernte von Lavendel beispielsweise verlangt ebenfalls eine gute Feinmotorik. Auch hier braucht es wenige Vorbereitungen. Zwischen Anfang Juli und Anfang August können die Stängel oberhalb der verholzten Triebe abgeschnitten werden, wieder eine Tätigkeit, die von intensivem Duft begleitet wird. Am besten Ist es, in der Mittagssonne zu schneiden und die Stängel als Bündel kopfüber an einem warmen, trockenen und dunklen Ort zum Trocknen aufzuhängen.

Während der restlichen Projektzeit greift Herr Schaller bei jeder Gelegenheit zum Spaten, präsentiert ihn oder stellt ihn zwischen seine Beine. Hin und wieder findet er einen Kameraden unter den Herren und gemeinsam rufen sie längst vergessene Erinnerungen wach. Nur Frau Vogel kann ihn noch von diesem Werkzeug ablenken. Später erfahre ich von seiner Tochter, dass er 1943 mit achtzehn Jahren als Arbeitsmann zum Reichsarbeitsdienst musste. Der Spaten erinnert ihn vielleicht an die Zeit, als er jung und kraftvoll war, während andere Erinnerungen an diese Zeit verschlossen bleiben. Am Ende der Projektzeit schenke ich ihm einen meiner Spaten.

Pünktlich um 15 Uhr füllt sich der Garten. Ich bin überrascht, wie viele Angehörige gekommen sind. Einige Familien sind sogar mit mehreren Generationen vertreten. Sämtliche zur Verfügung stehenden Mitarbeiterinnen und Mitarbeiter sind am Start, um Bewohnerinnen und Bewohner in den Garten zu begleiten. Alle sollen dabei sein, auch wenn es nur für wenige Minuten ist. Zur Feier des Tages werden auch die Bettlägerigen in ihren Betten rausgebracht. Für diese Gruppe habe ich im Garten übrigens einen besonderen Bereich geplant.

Frau Bölter hält eine kurze Rede, Herr Meinzer bedient am Getränkestand und Frau Mühlstein kommt mit einem großen Tablett voller Schnapsgläser nach draußen. Bei jedem Baum, den ich gemeinsam mit Auserwählten samt Familie pflanze, wird mit Appelkorn angestoßen. Frau Mühlstein schenkt ordentlich ein. Es sind nicht nur die sechs Bäume, auf die ich mit anstoße, irgendwie wollen alle mit mir auf den Garten trinken. Es wird ein heiterer Nachmittag.

Herr Pfeiffer leitet Baumaßnahmen

Am nächsten Morgen sind Michael und ich um 10 Uhr die Einzigen im Garten. Bis auf Herrn Pfeiffer lässt sich noch niemand blicken. Der Apfelkorn ist entweder ein gutes Schlafmittel oder nicht allen gut bekommen. So bleibt uns genügend Zeit, um die nächste Arbeitseinheit vorzubereiten. Wir wollen einen Bachlauf bauen. Kein wild fließendes Gewässer, sondern einen ruhig plätschernden Bach, der durch den leicht hügeligen Bereich des Gartens mäandert. Bewegt und doch beruhigend. Das leise plätschernde Wasser wird sanft an den Seiten eines Quellsteins herabfließen und als Bächlein durch die Wiese plätschern. Schon jetzt eine schöne Vorstellung.

Kein wild fließendes Gewässer, sondern einen ruhig plätschernden Bach, der durch den leicht hügeligen Bereich des Gartens mäandert.

Herr Pfeiffer patrouilliert im Garten auf und ab, während wir die Leitungen und Pumpen, Teichfolien und Wasserbecken, das technische Equipment und zuletzt ein Nivelliergerät ranschleppen. Abrupt bleibt er stehen und beobachtet, wie Michael das Stativ für das Nivelliergerät aufbaut. Ich benutze dieses Instrument gerne, um den Höhenunterschied zwischen Quelle und Sammelbecken zu ermitteln.

Praxistipp: Den Wegeverlauf planen

Bevor der Verlauf der Wege festgelegt wird, empfehle ich einen Praxistest. Im Rahmen der Planungsphase gehe ich oft gemeinsam mit den verantwortlichen Mitarbeitenden und den Menschen, deren Garten es wird, über die Freifläche und versuche, auf diese Weise herauszufinden, welches Wegenetz sinnvoll ist. Die Beantwortung folgender Fragen kann hilfreich sein, um den Gesetzmäßigkeiten des Bewegungsflusses gerecht zu werden:

- Wohin wird die Aufmerksamkeit gelenkt?
- Was zieht an – was stößt ab?
- Welche Bereiche werden gemieden?
- Wohin wird die Bewegung gelenkt?
- Was steuert die Bewegungsrichtung?
- Welche Gestaltungsmaßnahme beeinflusst die Bewegungsrichtung?

Der Verlauf des Weges muss an jedem Punkt der Prüfung standhalten, ob Wasser an dieser Stelle entlangfließen würde. Eine automatische Rückführung ist nur dann gegeben, wenn Wasser alle Bereiche des Gartens erreichen und automatisch wieder zum Ausgangspunkt zurückfließen würde.

Die Höhe hat Einfluss auf die benötigte Pumpenleistung, die wiederum die Fließgeschwindigkeit beeinflusst und so weiter. Obwohl ich jederzeit die Handarbeit im Garten favorisiere, kann der Einsatz von technischen Geräten hin und wieder an Lebenserinnerungen anknüpfen. Wie bei Herrn Pfeiffer.

Wie selbstverständlich stellt er sich neben Michael und prüft, ob das Dreibein standsicher aufgestellt ist, dann bückt er sich und holt das Messgerät aus dem Koffer. An dieser Stelle muss ich mich in Vertrauen üben, denn runterfallen darf das empfindliche Gerät nicht. Er betrachtet es kurz und reicht es vorsichtig an Michael weiter. «Die Libelle spielst du ein», weist er Michael an. Auch diesen Arbeitsschritt kontrolliert er und schaut dann höchstpersönlich durch das Nivelliergerät, so als wenn er erst gestern pensioniert worden wäre. Fortan gibt er die Kommandos und Michael läuft mit der Richtlatte vorne weg. Später erfahre ich, dass Herr Pfeiffer zeit seines Berufslebens als Bauingenieur im öffentlichen Dienst tätig war.

Den restlichen Tag arbeiten Michael und ich an der Modellierung des Bachlaufs. Die wenigen Bewohnerinnen und Bewohner, die nach draußen kommen, schauen uns dabei zu. Herr Pfeiffer hingegen hat alle Hände voll zu tun. «Ich muss das gesamte Gelände vermessen», so seine Worte und schon scheucht er Herrn Arnold mit der Richtlatte über die Wiese. Den Abend lassen wir gemütlich vor unseren Zelten ausklingen. Diesmal in kleiner Runde. Michael und Herr Blume genießen ein Feierabendbierchen, Frau Schneiders bringt eine Kleinigkeit zu essen, das Lagerfeuer knistert und ich klimpere auf meiner Gitarre. Später wird Tim, der Nachtdienst hat, mit Frau Zehnpfennig eine kleine Nachtwanderung zu unseren Zelten machen. Aber da schlafen wir schon lange.

Den Abend lassen wir gemütlich vor unseren Zelten ausklingen.

Herr Pietsche und der Dauerlauf

Den Tag beginnen wir mit einem Ritual: dem gemeinsamen Bad in der Sonne. Bevor es mit der Arbeit losgeht, heißt es: 10 Minuten die Nase in Richtung Sonne halten. Und wenn es keine Sonne gibt, werden die Bewohner in Decken gehüllt und wir beobachten gemeinsam Wolkenbilder, Vögel oder Baumkronen. Die Natur hält immer etwas bereit, das es zu entdecken gibt. Ganz hinten im Garten an der alten Eichenallee fällt mir etwas anderes ins Auge. Ein alter Mann joggt dort über den neu angelegten Weg. Beim näheren Betrachten erkenne ich Herrn Pietsche. Er hat seinen Arm nicht mehr in Gips, deswegen konnte ich ihn auf die Entfernung nicht sofort zuordnen. Herr Pietsche war die letzten zwei Wochen oft mit draußen, hielt sich aber im Hintergrund, da er wegen seines Gipsarms nicht mitmachen konnte. Leichtfüßig trabt er nun an uns vorbei, passiert die roten, gelben und lilafarbenen Staudenrabatten und hält Kurs Richtung Bachlauf. Von dort führt ihn der Weg zurück zur Terrasse, wo wir aufgereiht in der Sonne sitzen. «Heb de Beene, da komm kleene Steene», kommentiert Frau Vogel mit geschlossenen Augen, das Gesicht Richtung

Praxistipp: Durch den Garten führen

Führen und Leiten sind zwei unterschiedliche Vorgänge. Leiten und auch Leitsysteme knüpfen an die kognitive Wahrnehmung an. Leiten fragt nach dem Zweck oder der Methode und basiert auf Klären, Systematisieren oder Vormachen. Führen hingegen fragt nach der Sinnhaftigkeit und psychologischen Aspekten und basiert auf Begeistern, Vorleben oder Helfen. In Senioreneinrichtungen werden die Menschen durch den Garten geführt und treffen dabei auf unterschiedliche Orientierungshilfen, die es ihnen ermöglichen, sich zurechtzufinden.

Eine Natursteinmauer führt als Orientierungshilfe durch den Garten.

Beispielsweise können altbekannte Sträucher und duftende Stauden, die sich mehrmals wiederholen, eingesetzt werden. Johannisbeersträucher, die in Abständen von drei bis vier Metern entlang der Wege gepflanzt werden, bieten visuelle, taktile und gustatorische Orientierung. Schwarze Johannisbeeren bieten zusätzlich olfaktorische Informationen, denn Frucht, Holz und Laub duften intensiv.

Ebenso können niedrige Hecken entlang der Wege eine große Unterstützung sein, zum Beispiel mit Grasnelke (*Armeria maritima* 'Düsseldorfer Stolz'), Schnittlauch (*Allium schoenoprasum* 'Forescate'), Steppen-Salbei *(Salvia nemorosa)* oder Französischer Eberraute *(Artemisia abrotanum)*.

Sonne gestreckt. In der gleichen Position sitzt Frau Mühlstein, seit Neuestem gönnt sie sich morgens ein paar Minuten gemeinsame Zeit. Von ihr erfahre ich, dass Herr Pietsche früher Langstreckenläufer war. Sie freut sich sehr darüber, dass er wieder läuft. Er lebt seit zwei Jahren in St. Elisabeth und sitzt seitdem die meiste Zeit in seinem Zimmer, und das lag nicht nur am Gipsarm. In der Außenanlage des alten Hauses gab es natürlich auch Wege, wo er hätte laufen können, erzählt sie. Es gab einen breiten asphaltierten Weg, der geradlinig durch die Anlage führte, umrahmt von Rasen und Gestrüpp, so wie sie sich ausdrückt. «Der Weg im alten Haus hat ihn einfach nicht motiviert, seine Runden zu drehen. Unter uns, der war auch wirklich langweilig. Es gab nichts zu entdecken, einfach nur schnurgerade Wege über die Pampa. Das macht doch wirklich keinen Spaß», flüstert sie. Mit geschlossenen Augen, das Gesicht der Sonne zugewandt, stimme ich ihr nickend zu.

Herr Pietsche wird im neuen Garten zu seiner Senioren-Bestzeit zurückfinden und noch viele Runden drehen.

Dem Wasser auf der Spur

Nach dem Sonnenbad arbeite ich am Bachlauf und Michael hackt mit ein paar Bewohnerinnen und Bewohnern an den fertig bepflanzten Beeten. Die Erde soll noch einmal gelockert und mit Langzeitdünger versorgt werden, bevor sie mit Rindenmulch abgedeckt wird. Michael stellt Gartenstühle entlang der Beete und wer möchte, kann bequem im Sitzen mit einer leichten Hacke die Erde zwischen den Pflänzchen lockern. Die eine oder andere Staude wird dabei wieder rausgehackt, denn nicht alle Beteiligten haben einen grünen Daumen oder können hacken. Nicht schlimm, Michael setzt die Pflanze einfach wieder zurück an ihren Platz. Ich modelliere unter Aufsicht von Herrn Pfeiffer das Bachbett und schließe die Pumpe an. Es fehlen nur noch die Steine und die Uferbepflanzung, dann sieht es nach einem richtigen Bach aus. Nicht nur Herr Pfeiffer begleitet die Baumaßnahme, wie er mein Tun bezeichnet. Etliche andere interessieren sich ebenfalls für den Fortschritt der Arbeiten. Nach der Mittagspause soll der Bach zum ersten Mal plätschern. Ich bin gespannt. Herr Blume füllt das Teichbecken mit Wasser und Michael läuft auf der Suche nach einer Steckdose mit der Kabeltrommel los. Da die Gartensteckdosen erst in zwei Wochen geliefert werden, müssen wir improvisieren. Kaum hat es 15 Uhr geschlagen, wird es voll im Garten. Alle wollen dabei sein. Auch die Nachbarin Frau Schneiders hat von dem anstehenden Ereignis erfahren und kommt mit eine Flasche Sekt rüber. Herr Pfeiffer wird sein Bauwerk einweihen. Frau Mühlstein hat ein weißes Laken besorgt, das ich über den Quellstein lege. Nun darf Herr Pfeiffer es lüften. Er spricht ein paar Sätze, deren Inhalt mir verschlossen bleibt, und enthüllt den Quellstein. Herr Arnold, sein Assistent, steckt den Stecker der Pumpe in die Kabeltrommel. Es gluckert und blubbert.

Ich modelliere unter Aufsicht von Herrn Pfeiffer das Bachbett und schließe die Pumpe an.

Praxistipp: Wasser im Garten

Wasser gilt als Symbol des Lebens, es fließt und nimmt den Weg des geringsten Widerstands, Wasser trägt und Wasser reinigt, es erfrischt und entspannt. Eine passende Vorlesegeschichte ist das Märchen «Das Wasser des Lebens» der Gebrüder Grimm.

Wasser sollte in keinem Garten fehlen. Es gibt viele Möglichkeiten, wie Wasser in einem Garten für Menschen mit Demenz Gestalt annehmen kann: als das beruhigende Murmeln eines Bachlaufs oder das sanfte Fließen von Wasser über einen dicken Findling, als das verspielte Sprudeln kleiner Fontänen oder das Plätschern eines Brunnens. Um die Sicherheit aller Gartenbesucherinnen und -besucher beim selbständigen Erkunden und sinnlichen Erfahren des Wassers garantieren zu können, sollte auf Teiche oder ähnlich offene oder stehende Wasserflächen verzichtet werden.

Aus Sicherheitsaspekten ist es sinnvoll, den Bach oder das Wasserspiel als sogenanntes geschlossenes System zu bauen. In einem geschlossenen System zirkuliert das Wasser permanent zwischen Wasserbecken und Wasserspiel bzw. Bachquelle. Eine Pumpe, die im Wasserbecken sitzt, befördert von dort das Wasser über eine Leitung zur Bachquelle oder zu einem Wasserspiel. Dort sprudelt es heraus oder fließt in ein Bachlaufbett und zurück in das Wasserbecken, wo es erneut hochgepumpt wird. Das Wasserbecken wird mit einem Deckel sicher verschlossen, der wiederum mit Flusskies verdeckt wird.

Für jedes Wasserspiel und für jeden Bachlauf gilt, dass die Fließgeschwindigkeit das Geräusch und den Klang des Wassers beeinflusst.

Beispiel Bachlauf: In einem flachen Bach fließt das Wasser langsam, besonders, wenn die Anstauhöhe des Wassers nicht mehr als 15 Zentimeter beträgt und die einzelnen Staubecken mit maximal 40 Zentimeter schmal gebaut werden und sich mit kleinen, etwa 20 bis 25 Zentimeter hohen Wasserfällen abwechseln. Einen ruhigen und gleichmäßigen Klang erzeugen Wasserfälle besonders dann, wenn sie wie ein Vorhang geschlossen fallen. In solchen geschlossenen Wasservorhängen spiegelt sich der Himmel, wenn sie nicht im Schatten gebaut werden.

Beim Bau eines Bachlaufs oder Wasserspiels stehen Ihnen Profis gerne hilfreich zur Seite.

Alle starren gebannt auf den Stein. Jeden Augenblick muss das Wasser kommen. Erst mal geschieht nichts. Ich kann gerade noch Herrn Arnold aufhalten, der von Herrn Pfeiffer zur Kontrolle geschickt wird, als das Wasser in einer hohen Fontäne aus dem Stein spritzt. Der Sektkorken knallt, Herr Pfeiffer steht mit stolzer Brust neben seinem Werk und mit viel Applaus fließt das Wasser durch den Bach. Ich liebe es, wenn so scheinbar einfache Dinge wie fließendes Wasser solch eine Freude auslösen und Wertschätzung erfahren.

Frau Yilmaz fegt das Laub der Bäume

Während wir den plätschernden Bach umringen, hat Frau Yilmaz von der Luisenstraße andere Dinge zu tun. Frau Yilmaz, eine kleine Frau mit großen Händen, lebt schon seit einigen Jahren in St. Elisabeth. Sie sitzt die meiste Zeit allein am Fenster und schaut hinaus. Ihre Augen scheinen aus ihren tiefen Höhlen in eine andere Welt zu blicken. Von den Mitbewohnerinnen und -bewohnern spricht niemand ihre Sprache, nur Tariq und eine andere Pflegerin verstehen sie. An den Sonntagen sitzt sie nicht am Fenster, da kommt ihre Familie zu Besuch. Ihre Kinder, Geschwister und Enkel reden unentwegt, als wollten sie sie mit Wörtern für eine ganze Woche anfüllen. Die Kleinsten drücken sich an den weichen Körper ihrer Großmutter. Mit ihren großen Händen streichelt sie sanft über die Kinderköpfe. Ihr buntes Tuch trägt sie um den Kopf gewickelt wie einen Schleier. Hennarote Strähnen lugen unter ihrem Kopftuch hervor, und wenn sie lacht, strahlt die Sonne, die sie als Tätowierung auf ihrer Stirn trägt, mit ihr um die Wette. Auch auf den Händen ist sie tätowiert. Tariq hat mir erklärt, dass diese Tätowierungen im Kurdischen «Dak» oder «Dek» genannt werden und eine besondere Symbolik haben. Sie sind ein 500 Jahre alter Brauch aus den dörflichen Regionen der Türkei, der noch bis vor kurzer Zeit praktiziert wurde. Meist sind es naturverbundene Motive, die die Frauen und Männer der älteren Generationen tragen. Es gibt unzählige Symbole mit vielschichtigen Bedeutungen. Die zwischen die Augenbrauen oder auf die Hände tätowierte Sonne soll den Körper mit Licht anfüllen und der Person Stärke und Hoffnung schenken. Seit Frau Yilmaz in St. Elisabeth lebt, wird sie jeden Sonntag von ihrer Familie mit Licht und Wärme durchflutet.

Vor gut zwei Wochen, als wir mit unserem Gartenprojekt begannen, hat Frau Yilmaz ihren Fensterplatz geräumt. Nun sitzt sie unterhalb der alten Eichen auf einem Klappstuhl, den Frau Schneiders ihr geschenkt hat. Frau Yilmaz sitzt dort jeden Tag und lehnt sich an den mächtigen Stamm eines der alten Bäume. Manchmal legt sie ihre Wange an die Borke, und ihr Blick verliert sich im knorrigen Geäst der Baumkrone. Diese uralten Eichen sind der Inbegriff von Kraft, Stärke und Standfestigkeit. Es handelt sich um Trauben-Eichen *(Quercus petraea).* Da sie im Gegensatz zu den meisten anderen hiesigen Laubbäumen ihre Blätter bis ins Frühjahr behalten, werden sie auch Wintereichen genannt. Erst wenn niemand mehr ans Laubkehren denkt, fegen

Pflanztisch am Wegesrand, ein Angebot für spontane Tätigkeit, die aus der Situation heraus entsteht

Praxistipp: Docking-Stationen

Fest im Garten aufgestellte Werkzeugständer habe ich Docking-Stationen getauft. Sie bieten die Möglichkeit, sich spontan «anzudocken» und aktiv zu werden. Der Impuls zur Aktivität erfolgt durch das Erkennen möglicher Tätigkeiten. Die Verknüpfung von Laubfall und Laubbesen kann zur altbekannten Tätigkeit des Laubfegens anstiften. Die Werkzeugständer samt Werkzeug spiegeln das jeweilige Handlungsfeld eines bestimmten Gartenbereichs wider. So findet eine Gartenhacke an einer Docking-Station neben einem Gemüsebeet ihren Platz, eine Gießkanne neben einer Schwengelpumpe oder eine Schaufel neben einem Erdhaufen, der versetzt werden kann.

Praxistipp: Die zweite Reihe

Die zweite Reihe ist eine sichere Position, die Beobachtung zulässt. Diejenigen in der zweiten Reihe übernehmen keine Verantwortung und treffen auch keine Entscheidungen, haben grundsätzlich aber das notwendige Potenzial dazu. Sie können jederzeit in ihrem Tempo und ihren Fähigkeiten entsprechend aus dem Hintergrund hervortreten und zu Handelnden werden. Wenn bei Gemeinschaftsangeboten im Garten ein Stuhlkreis gebildet wird, sollten immer zusätzliche Stühle etwas abseits platziert werden – als zweite Reihe, aus der sich jederzeit Menschen aktiv einbringen können.

Frühjahrsstürme die Blätter von ihren Ästen. Mitunter sieht es dann so aus wie im Herbst, so wie jetzt im Garten von St. Elisabeth. Das Gewitter der letzten Woche hat das Laub vollständig von den alten Eichen gefegt.

Für alltäglich gebrauchtes Gartenwerkzeug habe ich drei spezielle Werkzeugständer fest im Garten montiert. Ich nenne sie Docking-Stationen. An diese Ständer habe ich heute Morgen die Laubbesen gehängt. Die Idee hinter diesen Docking-Stationen ist, Zusammenhänge herzustellen, die mit Erinnerungen verknüpft sind, welche wiederum zu Aktivitäten führen: in diesem Fall Laub + Laubbesen = Laubfegen. Das heißt, findet jemand unmittelbar dort, wo Laub liegt, auch das dazugehörige Werkzeug, kann diese Person spontan aktiv werden. Genauso macht es nun Frau Yilmaz. Während wir dem plätschernden Bachlauf zuschauen, greift sie nach einem Laubbesen und beginnt, die Blätter zusammenzufegen. Sie arbeitet langsam, aber stetig: bei jedem Schritt einen Atemzug und bei jedem Atemzug einen Besenstrich. Manchmal bleibt sie stehen, stützt sich auf den Besenstiel und schaut auf ins Geäst der alten Bäume. Dann geht es weiter: Schritt – Atemzug – Besenstrich. Als wenn es seit Jahren ihre Aufgabe wäre, in St. Elisabeth Laub zu fegen. Vielleicht knüpft sie dabei an alte Fähigkeiten oder Verantwortlichkeiten an. Oder sie erlebt es als sinnvoll und notwendig, das Laub zu fegen. Was sie auf jeden Fall erfährt, ist Selbstwirksamkeit. Denn durch ihr Handeln bewirkt und verändert sie etwas: Sie befreit die Wege vom Laub.

Sie arbeitet langsam, aber stetig: bei jedem Schritt einen Atemzug und bei jedem Atemzug einen Besenstrich.

Die Herren aus der zweiten Reihe

Zwei Herren lösen sich aus der Gruppe, die um den Bachlauf steht. Sie fühlen sich anscheinend angesprochen vom Laub, das Frau Yilmaz zu kleinen Haufen zusammenfegt. Bisher haben die beiden sich meist im Hintergrund aufgehalten. Das heißt, wenn wir beispielsweise in der Gruppe Beete gehackt oder Pflanzen ausgetopft haben, saßen die Herren abseits und schauten uns zu.

Jetzt ist es so weit, die beiden Herren wollen mitwirken und marschieren hintereinander Richtung Laubhaufen. Michael reagiert sofort und bringt ihnen einen großen Sack. Er hält ihn geöffnet neben einem der Laubhaufen und wartet ab. An den Werkzeugständern hängen auch Schaufeln, handliche leichte Gartengeräte, die gerade mal 1,5 Kilogramm wiegen. Die beiden Männer lassen sich von Michael Schaufeln aushändigen und beginnen, das Laub in den offenen Sack oder daneben zu schaufeln. Herr Schaller, von der Tätigkeit angezogen, kommt mit seinem Spaten hinzu und unterstützt die anderen. Michael hält in aller Ruhe den Laubsack auf und bei einer bestimmten Füllhöhe entscheiden die Männer einstimmig, dass der Sack voll ist. Wie und wann diese Entscheidung gefällt wird, bleibt alleine ihr Geheimnis. Angeführt von Michael tragen die beiden Männer den vollen Sack zur Entleerung Richtung Kompostplatz. Sie halten den Sack an den Tragehenkeln rechts und links fest

Eine Auswahl an Schubkarren steht immer bereit.

und gehen langsam, aber beharrlich. Schritt für Schritt, Atemzug um Atemzug. Derweil Herr Schaller seinen Spaten präsentiert.

Auch dieser Arbeitstag geht entspannt zu Ende. Michael sitzt mit Herrn Schaller am Bachlauf und beide genehmigen sie sich ein Feierabendbierchen. Ich laufe mit Emma durch die Felder außerhalb der Ortschaft, der Winterweizen streckt seine grünen Halme in die Höhe und die Äcker verströmen ihren Abendduft, ich genieße das Alleinesein und freue mich über das gelungene Projekt und auf zu Hause. Es ist der vorletzte Abend, der sich langsam dem Ende zu neigt.

Frau Zwetkow schaufelt Rindenmulch

Schon früh am Morgen steht ein LKW mit laufendem Motor vor dem Gartentor. Frau Mühlstein hat ihn als Erste entdeckt. Noch bevor ich aus meinem Zelt gekrabbelt bin, lehnt sie plaudernd am Fahrerhaus. Herr Schubert sitzt am Frühstückstisch, als er aufhorcht. Den alten Dieselmotor des LKWs erkennt er sofort und würgt hektisch sein Frühstücksbrot runter. Er eilt in den Garten, als Michael gerade den Fahrer einweist. Maite läuft hinter Herrn Schubert her, da er noch seine Schuhe anziehen muss. Auf Socken steht er im Garten und gibt dem Fahrer Handsignale. Der Rindenmulch ist da.

Die Lieferung von Rindenmulch verursacht nicht die gleiche Euphorie wie die Lieferung von Pflanzen, Herrn Schuberts Freude mal außen vor gelassen. Dafür verströmen die fünf Kubikmeter Mulch, die der LKW in den Garten kippt, einen unverwechselbaren Duft nach Wald und Erde. Den Mulch benötigen wir für die Sträucher, Bäume und vereinzelt auch für Staudenbeete.

Wir stellen unsere Schubkarren und eine große Auswahl an Schaufeln und Schippen neben den Mulchhaufen. Dann setzen wir uns zum morgendlichen Sonnenbad in den Garten. Die Augen geschlossen und das Gesicht Richtung Sonne, höre ich die Bewohnerinnen und Bewohner ankommen. Nach den gemeinsamen Wochen erkenne ich meine Truppe auch mit geschlossenen Augen. Frau Nowak macht sich als Erste bereit für die Sonnenstrahlen, Maite setzt Frau Sommer an ihren Platz an meiner Seite, Frau Baumann wird galant von Tim in den Garten geführt, Frau Winter hat so früh noch keine Lust und Frau Kunze brütet über Rätselheften oben im Gemeinschaftraum. Als ich meine Augen wieder öffne, sehe ich Frau Bauer mit einer Dame im Gespräch. Das heißt, Frau Bauer redet auf die Dame ein, während ihre Hände abwechselnd die Bremsen ihres Rollators drücken. Frau Bauer ist seit einigen Tagen sicherer auf den Beinen, so dass sie selbständig mit einem Rollator auf Tour gehen kann. Sie muss noch viel üben, erklärt sie und zeigt der Dame, wie ihr neues Gefährt funktioniert. Die Dame heißt Frau Zwetkow und wohnt seit gestern auf der Luisenstraße.

Dann setzen wir uns zum morgendlichen Sonnenbad in den Garten.

Die Herren interessieren sich eher für den Mulchhaufen als für ein Sonnenbad. Zumindest Herr Arnold, Herr Blume und Herr Schubert tun das. Als

Praxistipp: Rindenmulch

Aus gärtnerischer Sicht ist der Einsatz von Rindenmulch umstritten, denn nicht jede Pflanze verträgt das Mulchen. Auch aus Sicht des naturnahen Gartenbaus ist eine Flächenkompostierung dem Abdecken der Beete mit Rindenmulch vorzuziehen Für gemeinsames Arbeiten ist das Schaufeln von Rindenmulch aber wunderbar geeignet.

Rindenmulch ist zerkleinerte und gesiebte Baumrinde und es sind viele verschiedene Rindenmulchprodukte erhältlich. Ein Vergleich lohnt sich, denn die Qualitätsunterschiede und die Preisspanne sind enorm. Meist hat der Preisunterschied aber einen Grund: Frischer Rindenmulch setzt Stoffe wie beispielsweise Phenole frei, die Pflanzen schädigen können. Hochwertigere Produkte kommen erst nach einer gewissen Lagerzeit auf den Markt, nachdem per Laboruntersuchung kontrolliert wurde, ob sich Phenole und andere Stoffe bereits ausreichend abgebaut haben. Diese Lagerzeit verursacht höhere Kosten.

Als Orientierungshilfe für den Kauf von Rindenmulch gibt es das RAL-Gütezeichen. RAL-gütegesicherter Rindenmulch wird regelmäßig durch anerkannte und unabhängige Labore auf Körnung, Holzanteil, potenzielle Belastung mit Schwermetallen, Insektiziden und den flüchtigen pflanzenschädigenden Stoffen wie Phenolen geprüft.

Für die Unterdrückung von Unkräutern unter Sträuchern und auf Baumscheiben kann Rindenmulch mittlerer Körnung (10 bis 40 Millimeter) in einer fünf bis sieben Zentimeter dicken Schicht aufgebracht werden. Eine empfehlenswerte Alternative in diesem Fall ist eine Unterpflanzung mit wenig nähstoffzehrenden Stauden wie beispielsweise dem Bergwald-Storchschnabel (*Geranium nodosum* 'Simon').

Die Ausbringung von Rindenmulch in alteingewurzelten Staudenbeeten ist zwar möglich, erschwert aber die Pflege und Düngung der Beete. Bei frisch gepflanzten Staudenbeete oder bodendeckenden Gehölzen ist Rindenmulch nicht empfehlenswert, da die wachstumshemmenden Stoffe wie die in Restmengen noch vorhandenen Phenole in den oberen Bodenschichten das Anwachsen behindern. Zudem wird bei der Verrottung dem Boden Stickstoff entzogen, den eigentlich die Stauden für ihr Wachstum benötigen. Stauden, die eine waldähnliche Situation am Gehölzrand oder unter Gehölzen bevorzugen, vertragen eine Bodenabdeckung mit Rindenmulch. Wichtig ist, dass vor dem Aufbringen des Rindenmulchs eine Düngung in Firm von 40 bis 80 Gramm Hornspäne pro Quadratmeter in den Boden eingearbeitet wird. Stauden dagegen, die sich in einem trockenen oder kalkhaltigen Boden heimisch fühlen, vertragen absolut keinen Rindenmulch.

ich eine Schubkarre beim Mulchberg postiere, greifen die Männer sich ganz selbstverständlich eine Schaufel und schippen los. Manchmal fehlt ihnen die Kraft, um das Werkzeug alleine zu handhaben, dann springe ich ein und ohne Worte finden wir eine Lösung, zweimal schaufeln wir zu viert Mulch in die leere Karre und den Rest befülle ich alleine. Herr Meinzer fährt die Schubkarren zu den Beeten, wo Michael das Material verteilt. Hin und wieder versucht sich auch Herr Arnold an einer Karre und wackelt damit Richtung Michael. Es dauert nicht lange, bis wir unseren Rhythmus gefunden haben. Die Damen sitzen aufgereiht vor dem Haufen Rindenmulch und schauen ihren Männern zu. Nur Herr Schaller und Frau Vogel fehlen, dafür steht im Hintergrund Herr Pfeiffer und führt die Oberaufsicht.

Frau Zwetkow, die neue Bewohnerin, steht neben Frau Bauer und beobachtet das Treiben der Männer sehr genau. Ihr Blick verfolgt jede Bewegung der Schaufelnden. Während sie langsam Luft durch ihre leicht gekräuselten Lippen bläst, zieht sie einen Mundwinkel leicht nach oben und gibt den Blick auf ihr Zahngold frei. Dann lächelt sie kurz und setzt schwungvoll ihren kräftigen Körper in Bewegung. Mit wenigen Schritten ist sie bei den Männern und nimmt sich eine Schaufel. Keine dieser Leichtmetallschippen mit 1,5 Kilogramm Gewicht, sondern Michaels handgeschmiedete Frankfurter Schaufel mit Eschenstiel, die noch im Mulchhaufen steckt.

Dann lächelt sie kurz und setzt schwungvoll ihren kräftigen Körper in Bewegung.

Frau Zwetkow spricht wenig Worte, aber die wiederholt sie unentwegt: «Es muss ja gemacht werden.» Sie hat durchaus das Zeug dazu, den Berg alleine abzugraben, aber die Herren halten tapfer mit, jedenfalls bis zur Mittagspause. Auch wenn das Gartenprojekt schon lange vorüber ist, wird Frau Zwetkow immer dort zu finden sein, wo gearbeitet wird. Monika erzählt mir später, dass sie aus Sibirien kommt und ihr Name von dem russischen Wort für Blume, *zwetok,* abstammt.

Frau Bölter flechtet Weidenzäune

Heute Nachmittag ist Mitarbeiterinnnen- und Mitarbeitertag. Das heißt, Frau Bölter und Co. arbeiten mit draußen im Garten und nicht nur die Pflegenden und Präsenzkräfte. So viele Angestellte wie abkömmlich werden heute im Garten mithelfen. Vertreten sind alle Bereiche von St. Elisabeth: die Verwaltung, die Haustechnik, die Hauswirtschaft, die Küche, das Qualitätsmanagement, die Geschäftsführung, die Pforte und Pastor Löffler. Allen voran Frau Mühlstein, die sich mittlerweile selber zum harten Kern der Gartengruppe zählt. Je eine Mitarbeiterin/ein Mitarbeiter arbeitet als Team mit einem alten Menschen zusammen. Diese Kleingruppen bezeichne ich gerne als Gartentandem. Und um in dem Bild des Tandems zu bleiben: Die Seniorinnen und Senioren sitzen vorne und geben die Richtung vor.

Praxistipp: Gartentandem – das Ausputzen von Geranien

Die Bedeutung eines Tandems ist allseits bekannt, es steht im weitesten Sinne für «zwei miteinander».

Tandems gibt es nicht nur als Fortbewegungsmittel, sondern von Tandem ist in vielen unterschiedlichen Bereichen die Rede, in der Wissenschaft und Technik, im Unternehmertum oder als Sprachlernmethode. Es geht immer darum, dass sich zwei Menschen, Sachen oder Dinge gegenseitig unterstützen.

So geschieht es auch innerhalb eines Gartentandems. Zwei Personen, jeweils mit unterschiedlichen Fähigkeiten, arbeiten als Team und helfen sich gegenseitig beim Ausführen einer bestimmten Gartenarbeit. Nahezu jede gärtnerische Tätigkeit kann als Gartentandem ausgeführt werden. Ein Beispiel ist das Ausputzen von Geranien *(Pelargonium)*. Die eine Person sammelt die Balkonkästen ein und bringt sie an einen Arbeitstisch im Garten, wo die andere Person sitzt und die welken Blätter und Blüten abzupft, die erste Person bringt die fertig geputzten Balkonkästen wieder zurück an ihren Platz, düngt und gießt die Pflanzen, während am Arbeitstisch die andere Hälfte des Tandems Gartenabfälle einsammelt und aufräumt.

Ein Gartentandem beim Laubsammeln

Balkonkästen ausputzen ist eine wichtige gärtnerische Tätigkeit und viele alte Menschen kennen die Arbeit aus ihrer eigenen Gartenbiographie. Oft erlebe ich, dass es keine Anleitung oder Aktivierung braucht, denn kaum stehen die Kästen mit den Pflanzen mit welken Blättern auf dem Tisch, wird fleißig gezupft. Dass manchmal auch frische Blätter abgezupft werden, gehört dazu. Eine besonders duftende Erfahrung ist übrigens das Ausputzen von Duft-Geranien wie beispielsweise Rosengeranie (*Pelargonium × graveolens* 'Bourbon'), Apfelduftgeranie *(Pelargonium odoratissimum)*, *Pelargonium* 'Chocolate Peppermint', Zitronenduftgeranie (*Pelargonium crispum* 'Queen of Lemons'), Muskatnussgeranie *(Pelargonium fragrans)* und Cola-Duftgeranie (*Pelargonium species* 'Torento').

Wir wollen Flechtzäune aus Weidenruten herstellen. Sie sind als Sichtschutz gedacht und tragen gleichzeitig zur natürlichen Wirkung und Atmosphäre des Gartens bei. Eine leichte Arbeit, die schnell Erfolgserlebnisse beschert und zudem noch sinnlich ist, denn vor allem getrocknete Weiden duften würzig und süß. Das getrocknete Material flechten wir in das Tor aus Stabgitterzaun, um es blickdicht zu schließen. Für den Sichtschutz entlang des Gartenzauns werden Flechtzaunelemente zwischen die bereits gepflanzten Strauchgruppen gesetzt. Hierfür nutzen wir frische Weidenstöcke.

Die Teams sind nun aufgefordert, ihr eigenes Tempo zu finden und die Teilaufgaben unter sich aufzuteilen. Frau Mühlstein arbeitet mit Frau Bauer am Gartentor. Dabei sitzt sie auf einem kleinen Hocker vor dem Tor. Frau Bauer reicht ihr die Ruten an, die sie gemeinsam zwischen die Eisenstäbe flechten. Neben ihnen sitzt eine Mitarbeiterin aus der Buchhaltung und hält ein Bündel Weiden bereit, die Herr Blume einflechtet. Auch Pastor Löffler versucht sich an den getrockneten Weiden. Herr Pfeiffer hat ihn als seinen Tandempartner ausgewählt. Seine Aufgabe sieht er ausschließlich darin, dem Pastor über die Schulter zu schauen. Für das Einschlagen der Rundpfosten, die dem hohen Sichtschutzzaun als Gerüst dienen, bringt Michael zwei schwere Holzschlegel. Beim Anblick dieser sechs Kilogramm schweren Geräte finden sich auf Anhieb zwei Teams. Herr Arnold spuckt in die Hände und macht sich sofort mit Herrn Meinzer an die Arbeit. Frau Zwetkow hat den Holzschlegel schon in den Händen, noch bevor ihre Tandempartnerin Frau Bölter weiß, was ihr geschieht. Ihre Aufgabe ist es, den Pfosten zu halten, auf den Frau Zwetkow mit dem Hammer schlagen wird. Zur Sicherheit steht Michael dicht neben Frau Zwetkow, um mit ihr das Werkzeug zu führen. Kaum sind die ersten Pfosten in der Erde, beginnt Herr Schubert mit dem Koch der Cafeteria, die Weidenruten um die Pfosten zu legen, derweil Frau Kunze zusammen mit der Dame von der Pforte die Weidenbündel zählt. Ein junger Praktikant aus der Haustechnik stellt sich neben Frau Nowak, um mit ihr ein Tandem zu bilden. Er wirkt ein wenig verlegen, vielleicht weil Frau Nowak seine Hand nimmt und nicht zu den Weiden greift. Es bilden sich die unterschiedlichsten Teams aus Mitarbeiterin und Mitarbeiter sowie Bewohnerin und Bewohner. Mal sitzen sie am Rand und schauen zu, mal werden sie aktiv. Nur Frau Vogel und Herr Schaller können sich nicht trennen. Gemeinsam schwingen sie den Pinsel und streichen das trockene Flechtwerk mit Holzlasur ein. Ich sitze mit Frau Sommer, meiner das Weidenprojekt übergreifenden Tandempartnerin, am Rand des Geschehens und freue mich über so viel Aktivität.

Herr Arnold spuckt in die Hände und macht sich sofort mit Herrn Meinzer an die Arbeit.

Praxistipp: Sichtschutz oder Beeteinfassung aus Weidenruten

Besonders geeignet zum Flechten sind Korb- und Purpur-Weiden *(Salix viminalis, Salix purpurea)*, da sie sehr biegsam sind. Ebenfalls geeignet sind die sogenannten Kopf- oder Silber-Weiden *(Salix alba)*. Nach dem Schnitt der zwei bis drei Meter langen und ein- bis zweijährigen Ruten sollten diese mit der Schnittfläche nach unten, wie Blumen, in Wasser gestellt werden. Dort können sie bis zu ihrer Verwendung längere Zeit ausharren und bleiben geschmeidig und elastisch.

Trockene Ruten müssen erst eingeweicht werden, damit sie wieder biegsam werden. Dazu die Ruten vollständig in Wasser eintauchen und weichen lassen. In heißem Wasser geht es innerhalb von 24 Stunden. Damit die Badewanne nicht so lange blockiert wird, kann als Gefäß auch eine wasserdichte Folie dienen, die an den Seiten hochgebunden wird.

Für Zäune oder wenig filigranes Flechtwerk können trockene Weiden auch direkt verwendet werden.

Wir arbeiten oft mit getrockneter Ware, da die Projekte meist dann stattfinden, wenn es keine frischen Ruten gibt.

Für die Grundkonstruktion werden dickere Äste oder Rundpfähle (Durchmesser mindestens sechs Zentimeter) aus Kastanie oder Robinie als Zaunpfosten in die Erde geschlagen. Abhängig von der gewünschten Höhe des Zauns, sind die Pfosten zwischen 60 und 250 Zentimeter lang; sie sollten mindestens zu einem Drittel in die Erde geschlagen werden. Pro laufenden Meter Sichtschutz oder Beeteinfassung werden drei bis vier Zaunpfähle benötigt. Steht die Grundkonstruktion aus senkrechten Pfosten, kann mit dem Flechten begonnen werden. Dazu werden die Weidenruten abwechselnd vor und hinter den Pflöcken herumgeführt. Es entstehen verschiedene Muster, wenn die Ruten entweder in jeder neuen Flechtreihe versetzt zur vorherigen eingeflochten werden, das heißt, wo die Rute vor dem Pflock lag, liegt sie jetzt dahinter, oder mehrere Reihen übereinander in gleicher Weise. Da die Flechtreihen meistens länger sind als die Ruten, werden die Weiden in der laufenden Reihe immer an einem Pfosten neu angesetzt. Eventuell überstehende Enden werden abgeschnitten oder abgeknickt und hinter den Pfosten senkrecht in das vorhandene Flechtwerk gesteckt.

Das fertige abgetrocknete Flechtwerk muss zum Schluss nur noch lasiert werden. Übrigens eine Tätigkeit, die wunderbar als Gartentandem auszuführen ist.

Bezugsquelle der Weidenruten: Frische Weidenruten gibt es zwischen November und März, wenn beispielsweise die Silber-Weiden *(Salix alba)* im Umland oder die Korb-Weiden *(Salix viminalis)* im eigenen Garten geschnitten werden. Trockene Ware ist das ganze Jahr über zu beziehen. Es gibt reichlich Händler, die Weidenruten als Flechtmaterial anbieten.

Herr Blume und ein Feierabendbierchen

Der letzte gemeinsame Abend beginnt und leise Wehmut schleicht sich an. Nicht nur bei den Bewohnerinnen und Bewohnern und Beschäftigten ist spürbar, dass etwas Schönes zu Ende geht. Auch für Michael und mich ist jedes Projekt einzigartig und jeder Abschluss ein Loslassen, das eine zarte Traurigkeit umgibt. Wir begehen den letzten Abend wie die vorausgegangenen, vor unseren Zelten sitzend, dem Tag nachspürend und auf ein Feierabendbierchen mit Herrn Blume. Auch Frau Zehnpfennigs Besuch ist zum Ritual geworden. Monika begleitet sie, obwohl sie bereits seit zwei Stunden Feierabend hat. «Ich kann mich einfach nicht trennen. Es ist so wohltuend, sich mit dem Werden zu beschäftigen und nicht nur mit dem Vergehen.» Das Knistern des Lagerfeuers ist das einzige Geräusch, das zu hören ist. Schweigend sitzen wir beisammen und lassen uns einräuchern vom Lagerfeuerrauch. Noch tagelang werden wir nach Feuer duften.

Stangenbohnen, die alten Bekannten

Der letzte Tag bricht an und wir haben noch einiges zu tun. Der Gemüsegarten soll vorbereitet werden. Das Anlegen der Gemüsebeete spare ich mir meist bis zum Schluss, denn erst durch die gemeinsame Projektzeit entsteht die notwendige Sensibilität und Aufmerksamkeit für die zukünftigen Arbeiten im Garten. In den letzten drei Wochen wurden Verantwortungen übernommen und Fähigkeiten wachgerufen, hier und da konnte ich Gärtnerwissen weitergeben und Strukturen aufbauen, alles wichtige Voraussetzungen für den Anbau von zarten Gemüsepflanzen. Denn das Hegen und Pflegen wird ab Morgen ohne mich stattfinden.

Flechtweiden werden als Sichtschutz in einen Stabgitterzaun geflochten.

Kartoffelernte im Altenheim

Praxistipp: Kartoffelanbau

Kartoffeln anzubauen, ist eine sehr einfache Sache und ich empfehle jeder Senioreneinrichtung, wenigstens eine kleine Fläche mit Kartoffeln zu bestücken. Ist keine Gartenfläche vorhanden, tut es auch eine Kiste oder ein Sack auf dem Balkon.

Kartoffeln sind eng mit den Biographien alter Menschen verbunden. Sie sind mit der «dollen Knolle» groß geworden und für viele war es in jungen Jahren eine Hauptnahrungsquelle, die das Überleben sicherte. Das Setzen der Kartoffeln ist immer etwas Besonderes, es kündigt das Frühjahr an und alle können ihren Fähigkeiten entsprechend daran teilhaben. Kartoffeln bieten während ihrer Wachstumszeit jede Menge Gesprächsstoff, Beobachtungspotenzial und Anlass zu gärtnerischen Tätigkeiten. Ich bin immer wieder erstaunt, wie viel Erfahrung und Wissen über den Anbau von Kartoffeln in einem Seniorenheim vereint sind. Ein Schatz, den es zu heben gilt!

Anbau-Kurzanleitung:

Kartoffeln können bereits ab März vorgetrieben werden, die Ernte erfolgt dann früher und die Seniorinnen und Senioren beschäftigen sich bereits früh im Jahr hautnah mit dem Rhythmus der Natur und ihren «dollen Knollen». Frühe Sorten sind zum Beispiel die festkochende 'Annabelle' oder die mehlige gelbfleischige 'Margit'. Beide können passend zur Spargelzeit geerntet werden. Eine beliebte und sehr bekannte frühe Sorte ist die festkochende Kartoffel 'Sieglinde', die ab Juni erntereif ist, die mittelfrühe Sorte 'Linda' wird ebenfalls sehr geschätzt.

Bevor es losgeht, sollten unbedingt alle Beteiligten nach ihren Vorlieben und Erfahrungen bezüglich Sortenauswahl und Vorkeimen befragt werden. Es gibt nämlich verschiedene Versionen, und wer es zeitlich nicht schafft, keine Sorge, man muss Kartoffeln nicht vorkeimen lassen. Es dauert eben länger bis zur Ernte und die Anfälligkeit für Krankheiten und Schädlinge wie den Kartoffelkäfer ist höher.

Hier eine mögliche Variante, Kartoffeln vorzukeimen: Saatkartoffeln einzeln in die Vertiefungen eines Eierkartons legen und bis zur Hälfte mit leicht feuchter Pflanzerde bedecken. Die befüllten Eierkartons werden nun an einen hellen, etwa 10 bis 15 Grad warmen Platz gestellt, bis kräftige Keime entstanden sind. Werden die Triebe lang und dünn, ist der Platz zu warm. Späte Kartoffelsorten wie beispielsweise 'Granola' brauchen nicht vorgekeimt zu werden.

Anfang April ist es dann so weit, die vorgekeimten Kartoffeln können nach draußen gepflanzt werden. In den aufgelockerten Gartenboden werden circa fünf Zentimeter tiefe Furchen gezogen, Hornmehl oder Kompost eingearbeitet und im Abstand von 30 Zentimeter die Kartoffeln nebeneinander in die Furche gelegt.

Wenn sich die ersten grünen Triebe durch die Erde drücken, soll spätestens mit regelmäßigem Gießen begonnen werden.

Sind die Triebe 15 bis 20 Zentimeter hoch, wird Erde auf die Kartoffelreihen zu kleinen Dämmen angehäufelt. Dieses Anhäufeln wird bis zur Ernte etwa alle drei Wochen wiederholt. Vorsicht ist während der Eisheiligen geboten. Drohen noch Nachtfröste, sollten die Kartoffeln mit einem Vlies abgedeckt werden. Nach der Blüte kann mit der Ernte begonnen werden. Späte Kartoffelsorten wie beispielsweise 'Granola' oder 'Bamberger Hörnchen' werden etwa Anfang September nach Absterben des Laubs geerntet.

Kartoffelernte, Zubereitung und Verzehr an Ort und Stelle

Auf Balkon oder Terrasse werden die vorgekeimten Pflanzkartoffeln einfach schichtweise in Kübel oder große Eimer gefüllt. Das Gefäß vorher etwa 10 Zentimeter hoch mit Kies befüllen und Löcher in den Boden schneiden, so dass das Gießwasser abfließen kann. Auf die Kiesschicht folgt eine 15 Zentimeter dicke Schicht aus mit Hornmehl gedüngter Pflanzerde. Vier Saatkartoffeln in die Pflanzerde setzen, mit Erde abdecken und gleichmäßig feucht halten. Wenn sich bis 10 Zentimeter lange Triebe zeigen, diese wiederum bis zu den Blattspitzen mit gedüngter Erde bedecken. Das Vorgehen wiederholen, bis der Eimer voll ist. Nach etwa 100 Tagen kann die Ernte erfolgen und das Kartoffelfest beginnen.

Die Gruppe ist heute besonders groß. Alle möchten ein letztes Mal dabei sein und die Aufgaben sind schnell verteilt. Die Herren harken mit Michael die Beete feinkrümelig, die Damen topfen die Gemüsepflanzen aus, die Herr Meinzer in die Erde setzt. Die zweite Reihe ist ebenfalls gut besetzt, wo manch einer friedlich schläft oder wie Frau Nowak das Gesicht Richtung Sonne reckt.

Herr Schaller schaufelt kleine Gräben, in die Frau Vogel Kartoffeln plumpsen lässt. Mit der einen Hand auf meinen Arm gestützt, wirft sie mit der anderen die Saatkartoffeln zielsicher an ihren Platz. So arbeiten wir uns gemeinsam Stück für Stück über das unwegsame Gelände. Für den Kartoffelnachschub sorgt Frau Bauer, die am Beetrand auf ihrem Rollator sitzt und die Saatkartoffeln anreicht. Kartoffeln sollten, genauso wie Stangenbohnen, in keinem Garten fehlen.

Alle möchten ein letztes Mal dabei sein und die Aufgaben sind schnell verteilt.

Frau Kunze sitzt neben Frau Bauer und sortiert Samentütchen, die ich auf unseren Campingtisch ausgebreitet habe. Sie zählt nicht nur die Tüten, sondern liest mit erhobenem Zeigefinger Textpassagen vor: «Säen sie nicht vor Mitte April aus, denn der Boden muss genügend angewärmt sein.»

Auch Herr Pfeiffer ist heute strenger als sonst und beobachtet das Geschehen sehr genau. Als Michael Bohnenstangen in den Garten bringt, wird er zunehmend unruhig. Bohnenstangen setzen ist eine heikle Angelegenheit, denn jeder kennt sich aus. Sofort sind die Damen und Herren in eine Diskussion verstrickt. Wie sollen die Stangen gestellt werden? Gegeneinander in der Reihe und oben gekreuzt oder einzeln senkrecht in die Erde oder gar als Tipi im Kreis? Ich mische mich nicht ein, alle Varianten sind möglich und das Wichtigste ist, dass es überhaupt Stangenbohnen im Garten gibt. Denn dieses Gemüse ist ein wahrer Schatz. Alleine der Anblick der Stangen mit den sich nach oben windenden Ranken ruft eine Vielzahl an Erinnerungen wach. Es wird nicht nur über das Rankgerüst diskutiert und geredet, sondern auch über die richtige Sorte, über die Aussaattiefe und die optimale Aussaatzeit.

Werden ein paar Kriterien beachtet, ist der Anbau von Stangenbohnen recht einfach. Auch die Ernte ist kommod, denn die Bohnen lassen sich im Stehen oder gemütlich von einem Stuhl aus pflücken. Sie können gemeinsam geputzt und zu unzähligen Gerichten verarbeitet werden, und dass sie nicht roh verzehrt werden dürfen, ist den alten Menschen noch wohl bekannt. Zum guten Schluss haben sich alle geeinigt und die Stangen stehen in Reih und Glied senkrecht in der Erde. Frau Kunze bekommt ein Märchenbuch in die Hand und liest uns «Hans und die Bohnenranke» vor.

Praxistipp: Hochbeete, Tischbeete und unterfahrbare Hochbeete

Hochbeete ermöglichen es Rollstuhlfahrerinnen und Rollstuhlfahrern und anderen Menschen mit eingeschränkter Mobilität, mit der Erde und den Pflanzen hautnah in Kontakt zu kommen. Mittlerweile werden eine Vielzahl an unterschiedlichen Modellen und Ausführungen angeboten. Einmal gibt es die klassischen Hochbeete, ich nenne sie Vollbeete, weil sie komplett mit Erde gefüllt sind und aufgrund ihres großen Erdvolumens mit tief wurzelnden Pflanzen bestückt werden können. Das gesamte Beet hat Bodenkontakt, was den Nähstoffaustausch und die Besiedlung mit Insekten positiv begünstigt. Das erhöhte Wasser- und Nähstoffspeichervermögen ermöglicht es auch stark zehrenden Pflanzen wie Kürbis, Kartoffeln oder Dahlien, in einem Hochbeet gut zu gedeihen. Für Menschen mit Gangunsicherheiten ist ein klassisches Hochbeet gut geeignet. Bei einer Arbeitshöhe von 72 bis maximal 80 Zentimeter können sich die Hochbeetgärtnerinnen und -gärtner während der Arbeit abstützen oder anlehnen. Menschen im Rollstuhl können an einem solchen Vollbeet weniger gut arbeiten, da sie die Pflanzen oder die Erde nur dann erreichen können, wenn der Rollstuhl parallel zur Beetkante steht und sie den Oberkörper strecken und drehen. Diese Position ist zu belastend oder schlichtweg unmöglich.

Unterfahrbares Hochbeet vor dem Befüllen und Bepflanzen

Besser geeignet sind sogenannte Tischbeete, die es auch in mobiler Ausführung gibt. Bei einer Tischbeinlänge von 65 Zentimeter sind sie vollständig unterfahrbar. Damit Gemüsepflanzen gedeihen können, müssen mindestens 20 Zentimeter Erde eingefüllt werden. Daraus ergibt sich eine Gesamthöhe des Tischbeets (einschließlich der vier bis fünf Zentimeter starken Tischplatte) von mindestens 90 Zentimeter. Bei einer Rollstuhlsitzhöhe von beispielsweise 42 Zentimeter kann das schon zu hoch sein. Ein weiterer Nachteil: Dem Tischbeet fehlt der Bodenkontakt, es gibt somit keinen Austausch von Nährstoffen und Bodenlebewesen. Außerdem muss einerseits dafür gesorgt werden, dass überschüssiges Regenwasser ablaufen kann, andererseits bei Trockenheit regelmäßige Bewässerung gewährleistet sein.

Tischbeete lassen sich aber aus ausrangierten Holztischen leicht selber bauen. Und sie sind auf jeden Fall ein atmosphärisches Element im Garten.

Optimal ist ein unterfahrbares Hochbeet, das sowohl Gärtnerinnen und Gärtnern im Rollstuhl als auch Pflanzen und Bodenlebewesen gute Bedingungen bietet. Je nach Modell sind solche Beete an einer oder zwei Seiten unterfahrbar. Der unterfahrbare Raum ist mit 65 Zentimeter Höhe und 40 Zentimeter Tiefe so dimensioniert, dass die Füße samt Fußstützen unter den Tisch gestreckt werden können. Bei einer Arbeitshöhe von etwa 80 Zentimeter ist so frontales Sitzen und bequemes Arbeiten mit großer Reichweite möglich. Der andere Teil des Beets hat Bodenkontakt und das große Erdvolumen sorgt für ausreichend Nährstoffe, dient als Wasserspeicher und ist auch für tief wurzelnde Pflanzen geeignet.

Die drei besprochenen Beetformen werden in Holz, Metall und Kunststoff angeboten. Ich favorisiere Beete aus Holz, besonders geeignet sind Lärchen-, Robinien- oder Douglasienholz.

Hochbeet als Vollbeetvariante auf einer Dachterrasse

Gemüse aus dem Hochbeet

Mit den Händen in der Erde

Neben dem großen Gemüseacker haben wir zwei mit dem Rollstuhl unterfahrbare Hochbeete gebaut. Darina steht mit zwei Damen an den Beeten und pflanzt mit ihnen Gemüse ein. Die beiden Frauen sitzen in ihren Rollstühlen und graben ihre Hände in die weiche Pflanzerde. Trotz ihrer schwachen Hände kneten sie die Erde zu kleinen Klümpchen oder lassen sie sachte durch die Finger rieseln. Ihr Bad in der Erde dauert wenige Augenblicke und zaubert ein lang anhaltendes Lächeln auf ihre Gesichter. Darina gibt den Frauen das Gemüse an die Hand und gemeinsam setzen sie Pflänzchen für Pflänzchen in die Erde. In das eine Beet kommt Salat und Blattgemüse, in das andere Kohl- und Wurzelgemüse. Damit das ganze Jahr über geerntet werden kann, habe ich einen Jahresplaner für die Bepflanzung der Beete zusammengestellt.

Ihr Bad in der Erde dauert wenige Augenblicke und zaubert ein lang anhaltendes Lächeln auf ihre Gesichter.

Wichtig bei Hochbeeten ist, dass sich jemand aus dem Kreis der Mitarbeiterinnen und Mitarbeiter verantwortlich fühlt. Es gibt nichts Trostloseres im Garten als ein Hochbeet, das vernachlässigt vor sich hin gammelt. Meine Erfahrung ist, dass Bewohnerinnen und Bewohner selten aus eigener Initiative heraus Hochbeete aufsuchen und an ihnen werkeln. Was in einem klassischen Gemüsegarten sehr wohl passieren kann, wenn das notwendige Werkzeug bereit steht. Ich beobachte auch, dass Hochbeete anders als beispielsweise ein Gemüsegarten nicht als Ort wahrgenommen werden. Ein Gemüsegarten kann ein Ziel sein, auf das jemand zusteuert, weil er vielleicht als alter Bekannter erkannt wird. Für Hochbeete haben die meisten alten Menschen keine inneren Bilder, denn die gab es in ihren Gärten nicht. Sie erkennen sie nicht, weil die innere Resonanz fehlt.

Sitzbänke müssen sein

Während alle mit dem Pflanzen von Gemüse beschäftigt sind, vor sich hin dösen oder den Spaten präsentieren, werden die Bänke geliefert. Acht massive Parkbänke lädt der Spediteur von seinem LKW. Lediglich Herr Schubert steht mit mir an der Ladefläche und nimmt die Bänke in Empfang. Die Dinger sind so schwer, dass wir sie später zu viert an Ort und Stelle tragen. Mindestens alle 20 Meter wird eine Bank in Sichtweite zur nächsten aufgestellt, so dass ein sicheres Netz von Sitzgelegenheiten im Garten entsteht und Menschen mit Gangunsicherheiten die nächstmögliche Pausengelegenheit im Blick haben. Nach meinen Erfahrungen können engmaschig platzierte Bänke die Hemmschwelle, sich selbständig auf den Weg zu machen, deutlich reduzieren. Was für den Garten gilt, ist auch im städtischen Bereich sinnvoll. Ich bin fest davon überzeugt, dass sich alte Menschen in der Stadt sicherer fühlen würden, gäbe es mehr Sitzbänke.

Zeit verbringen – zusammen im Garten

Gefeiert wird immer

Eine Mischung aus Freude und Wehmut macht sich unter den Bewohnerinnen und Bewohnern breit. Freude, dass wir solch einen tollen Garten geschaffen haben, und Wehmut, weil eine besondere Zeit zu Ende geht. Dem harten Kern ist es am meisten anzumerken. Sie sind zur Mittagspause nicht reingegangen, sondern im Garten sitzen geblieben, verteilt auf den neuen Bänken, schweigend. Ein ungewöhnliches Bild, da sie sonst den Garten mit Leben füllen. Dafür beginnt auf der Terrasse ein emsiges Treiben. Mir kommt es so vor als wenn heute alle Beschäftigen dabei sind, Bewohnerinnen und Bewohner nach draußen zu begleiten. Darina und Tim bringen im Rollstuhl sitzende oder im Bett liegende Seniorinnen und Senioren raus, die ich im Garten bisher noch nicht gesehen habe. Da so viele helfen, haben sie die Zeit dafür. Rollatoren werden geparkt, Tische und Stühle gerückt, Geschirrwagen klappern über das Pflaster und Herr Meinzer setzt den großen Reibekuchenbräter in Gang. Gefeiert wird immer, das ist den geübten Handgriffen aller Beteiligten anzumerken. Dieses Fest unterscheidet sich nicht viel von den anderen, nur dass es draußen im Garten stattfinden kann und nicht wie früher improvisiert auf dem Parkplatz.

Frau Bölter hält eine Rede, die, da ihr Telefon klingelt, nur kurz ausfällt. Sie berichtet schnell, dass im Sommer, wenn der Umbau der letzten Gebäudeteile abgeschlossen ist, noch eine offizielle Einweihungsfeier stattfindet, dann verschwindet sie telefonierend.

Die Lust am Leben bleibt

Die Damen und Herren vom harten Kern haben sich inzwischen von den Bänken erhoben und tauchen einer nach dem anderen auf, um auf ganz eigene Art Besitz von ihrem Garten zu nehmen. Frau Vogel bricht zuerst das Schweigen und singt aus voller Brust «Der Mai ist gekommen», mit der einen Hand hält sie Herrn Schaller, mit der anderen drei Reibekuchen fest. Frau Kunze stimmt mit ein und dirigiert ihren virtuellen Chor, während Herr Blume noch schnell das Gemüsebeet gießt. Herr Pietsche dreht seine Runden durch den Garten und Frau Krüger fängt Wassertropfen, die ihr Herr Blume bereitwillig überlässt. Herr Arnold flaniert mit Frau Baumann am Arm gemütlich zur Terrasse zurück. Frau Bauer sitzt mit Herrn Schubert auf der hintersten Bank bei den Eichen, sie brauchen etwas länger, um zur Gruppe zu stoßen. Auch Frau Yilmaz sitzt unter den alten Bäumen, doch sie bleibt in diesem Teil des Gartens, da es noch etwas zu kehren gibt. Frau Winter legt sich auf eine Bank und schaut den Wolken nach. Zu aller Überraschung dreht Frau Nowak mit Herrn Pietsche ein paar Runden, anstatt ein Bad in der Sonne zu nehmen. Frau Zehnpfennig schichtet mit Michael Holz für das Lagerfeuer auf und Herr Pfeiffer kontrolliert den Anschluss der Gasflasche am Reibekuchenbräter. Nur Frau Sommer bleibt alleine und nicht wie sonst an meiner Seite. Sie sitzt abseits, an einem Tisch, den irgendjemand als Abstelltisch für Präsente und Blumensträuße benutzt hat. Die Geschenke, als Dankeschön für die Gartengruppe gedacht, stehen direkt vor ihrer Nase, doch wecken sie nicht ihr Interesse. Das, was ihre ganz Aufmerksamkeit beansprucht, ist ein kleiner Tannenzapfen, der auf dem Boden neben ihrem Stuhl liegt. Mit dem Fuß angelt sie den Zapfen heran und schafft es irgendwie, ihn zu greifen. Sie nimmt ihn behutsam in die Hand und streichelt liebevoll über seine kleinen Schuppen.

Auch wenn Reibekuchen und E-Piano-Musik für eine vertraute Atmosphäre sorgen, das Besondere an diesem Fest ist spürbar. Wir haben gemeinsam einen Garten erschaffen. Wer wann was und wie geschaffen hat, darin gibt es keinen Unterschied zwischen Bewohnerinnen und Bewohnern, Betreuenden und Pflegenden. Alle sind wir Gärtnerinnen und Gärtner, mal mehr, mal weniger. Denn eins ist gewiss – die Lust am Leben bleibt!

Das Zentrum des Gartens, ein Ort für Begegnungen und Feste

Hintergrundwissen

Erinnerungen an weit zurückliegende Lebensereignisse und früh erworbenes Wissen bleiben im Krankheitsverlauf der Demenz länger erhalten. Besonders lange bleiben automatisierte Reihen, früh gelernte Lieder, Gedichte, Sprichwörter, Gebete und Zahlenreihen abrufbar. Sie begleiten uns ein Leben lang und für ein Gedächtnistraining mit Seniorinnen und Senioren und Menschen mit Demenz sind Sprichwörter besonders geeignet. Am verbreitetsten ist das Sprichwörterquiz, bei dem ein Teil des Sprichworts vorgelesen und von den Seniorinnen und Senioren ergänzt wird.

Inhalt

Aktivität erhalten und Fähigkeiten leben

Gesundheit fördern und Wohlbefinden erfahren

Erinnerung wecken und Identität stärken

▷ Unverhofft kommt oft – Düfte wecken Erinnerungen, ob wir wollen oder nicht

Düfte wecken Erinnerungen in uns, ob wir wollen oder nicht. Unser Gehirn speichert olfaktorische Sinneseindrücke und lässt uns, sobald uns ein bestimmter Duft in die Nase steigt, längst vergessen geglaubte Erinnerungen wiederbeleben. Schnuppern wir zum Beispiel an Lavendel, werden durch die Duftmoleküle dieser Blüten Riechzellen in unserer Nasenschleimhaut gereizt, die wiederum den chemischen Reiz in elektrische Signale umwandeln. So umgewandelt, gelangt der Duft über die Riechbahnen zum Riechkolben, wo er letztendlich über Botenstoffe in das limbische System, einen Bereich, der für Gefühle und Stimmungen zuständig ist, transportiert wird. Kaum ist er dort angekommen, wird er in Sekundenschnelle mit Gefühlen verknüpft. Wir können es nicht beeinflussen, der Duft wirkt unmittelbar und spontan auf unser Gefühlsleben. Bereits wenige Duftmoleküle genügen. Ob wir einen bestimmten Duft mögen oder ablehnen, hängt von den Umständen ab, unter denen wir ihn zum ersten Mal gerochen haben. War die Situation mit Freude, Glück, Liebe oder anderen schönen Gefühlen verbunden, dann transportiert der Duft auch weiterhin diese Gefühle. Anders herum transportieren Düfte, die an unangenehme Gefühle gekoppelt waren, ebensolche negativen Stimmungen.

Das, was wir riechen, bestimmt entscheidend unser aller Wohlgefühl und legt eine Spur zur eigenen Identität. Der Duft ist wie ein Anker, der uns sanft nach Hause bringt. Ein Garten für Menschen mit Demenz wirft viele solcher Anker aus, egal, ob es individuelle Vorlieben sind, die in einem Hausgarten die Duftnoten vorgeben, oder ob der Grundduft einer ganzen Region in der Pflanzenauswahl für eine Gartenanlage Berücksichtigung findet. Grunddüfte werden meist von Bäumen wie Kiefern oder Linden abgegeben, aber auch von sich zersetzendem Laub oder von Pflanzen. Ganze Regionen können einen Duft verströmen, wie der Geruch einer Weinbauregion oder der zitronige Duft der Schlehenblüte, der sich im Frühjahr über eine Landschaft legen kann. Gartenduft ist der Geruch der Heimat.

▷ Eine Nasenlänge voraus – der Geruchssinn im Alter

Der Geruchssinn ist, evolutionär betrachtet, die älteste Sinneswahrnehmung des Menschen. In der Hierarchie der Sinne aber ist er dem Sehen oder Hören untergeordnet. Ihm wird im Alltag weniger Beachtung geschenkt. Oder wissen Sie noch, was Sie heute schon gerochen haben? Im Alter werden Düfte weniger intensiv wahrgenommen und es fällt mit zunehmendem Alter immer schwerer, Düfte zu identifizieren oder sie zu erinnern. Der Grund dafür ist, dass sich die Riechzellen bei Menschen bereits ab einem Alter von 70 Jahren nicht mehr ausreichend regenerieren können. Menschen mit Demenz sind besonders betroffen, da im Verlauf einer Demenzerkrankung eine Gehirnregion tangiert wird, die Gedächtnis- und auch Geruchsinformationen verarbeitet. Hinzu kommt, dass die Schrumpfung des Riechkolbens und ein Mangel an Acetylcholin den Geruchssinn weiter verschlechtern. Acetylcholin ist ein wichtiger Botenstoff für das vegetative Nervensystem. Ein Riechdefizit tritt meist früher auf als der sukzessive Verlust der Erinnerung oder anderer kognitiver Fähigkeiten. Die gute Nachricht aber ist: Mit einfachen Riechübungen kann das Riechvermögen trainiert werden.

▷ Immer der Nase nach – Pflanzendüfte erzählen

Duft ist mehr als nur ein Geruch. Düften schreiben wir eine angenehme Empfindung zu und umgeben uns gerne mit einem guten Duft. Duftpflanzen, das sind alle Sommerblumen, Stauden und Gehölze, die selbständig mit Blüten oder Blättern Duft verströmen. Aromapflanzen hingegen entwickeln ihren Duft meist erst, wenn Blätter, Rinde oder Zweige zerrieben werden, aus denen dann die Inhaltsstoffe, ätherische Öle oder Harze, austreten. Es gibt natürlich keine strikte Trennung zwischen Duft- oder Aromapflanze, denn manchmal ist beides – Duft und Aroma – in einer Pflanze vereint. Ebenso gibt es Aromapflanzen, die auch ohne Verletzung Duft verbreiten wie Rosmarin (*Rosmarinus officinalis*), besonders bei windigem Wetter, oder die intensiv blattduftende Zitronenverbene (*Alosya citrodora*). Unsere Küchen- und Gewürzkräuter gehören beispielsweise fast alle zu den Aromapflanzen. Und während die Düfte der Blütendufter nur über den Geruchssinn wahrgenommen werden, ist beim Aroma auch der Geschmackssinn beteiligt.

Übrigens gibt es auch Stinkpflanzen, sie sind zwar Geruchsträger, aber keine Duftpflanzen. Beispiele sind die Gelbe Rose (*Rosa foetida*), deren Blütengeruch an nasses Fell erinnert, weshalb sie auch «wet fox» oder Fuchs-Rose genannt wird, oder der Balkan-Storchschnabel (*Geranium macrorrhizum*), der für einige Menschen angeblich nach Katzenurin riecht. Letzterer ist ein dankbarer Bodendecker, der sich auch für schlechte Standorte eignet.

An was könnte man aber besser den Wert einer Duftpflanze messen als an ihrem Gegenteil?

▷ Ich kann dich gut riechen – der persönliche Duft

Wir besitzen alle eine persönliche Duftnote, die unser einzigartiger genetischer Fingerabdruck hervorbringt. Eine Mutter beispielsweise hat den Geruch ihres Kindes bereits eine halbe Stunde nach der Geburt abgespeichert. Auch bei einer Kaiserschnittgeburt kann die Mutter die Kleidung ihres Kindes danach sicher von anderer Kleidung unterscheiden. (Stangl 2019)

▷ Für dich soll's rote Rosen regnen – der Duft von Rosen

«Unbestritten finden Millionen von Menschen weltweit Gefallen an diesem Duft, auch Betagte, wie Interviews zu Nutzungsschwerpunkten von Altenheimgärten bestätigen. Worin liegt dies begründet? Eine mögliche Antwort findet sich in der olfaktorischen Urprägung, die während der Schwangerschaft im Mutterleib erfolgt. Der Geruch entsteht durch die im Fruchtwasser enthaltenen Abfallstoffe und Abbauprodukte. Eine Geruchskomponente steht in Zusammenhang mit der Aminosäure Tryptophan, einem Eiweißbaustein, der zu Indol und Methylindol abgebaut wird.» (Harper et al. 1986) Da das Ungeborene seine Exkremente ins Fruchtwasser absetzt, ist auch Indol dort vorhanden. Es verleiht dem Fruchtwasser eine warm-animalische, nach exotischen Blüten und überreifen Früchten riechende Komponente. So zeigen sich auch in Stoffwechselprodukten von Menschen und Pflanzen interessante Parallelen.

▷ Eichen sollst du weichen – altbekannte Wetterregel

Es gibt unzählige Wetter- und Bauernregeln, gerade alte Menschen kennen viele davon. Es ist interessant zu recherchieren, was hinter einer Regel steckt.

Woher stammt eigentlich der Rat, Eichen bei Gewitter zu weichen und Buchen zu suchen? Die Schutzgemeinschaft Deutscher Wald sagt dazu, dass diese mittelalterliche Empfehlung nicht auf statistischen Erhebungen zu Blitzeinschlägen beruht, sondern auf den erkennbaren Schäden an den Bäumen. Neueste Erkenntnisse belegen, dass nicht etwa manche Baumarten seltener getroffen werden als andere. Der Unterschied besteht lediglich darin, dass der Blitzschlag unterschiedlich sichtbar wird. Die dicke, zerklüftete Borke der Eiche saugt das Wasser wie ein Schwamm auf und wird dadurch sehr empfänglich für die elektrische Entladung. Die glatte Buchenrinde dagegen leitet den Blitz direkt in den Boden, ohne dass sichtbare Schäden entstehen. So erschien das Risiko bei Eichen größer. Heute steht fest: Auch in Buchen schlagen Blitze ein, und die Gefahr für den Schutzsuchenden ist bei allen Bäumen gleich groß. Unter hohen frei stehenden Bäumen sollte also niemand Schutz suchen. Auf freiem Feld ist es ratsam, sich mit geschlossenen Füßen auf den Erdboden zu hocken.

Selbständigkeit fördern und Orientierung geben

▷ Alle Wege führen nach Rom – die Wegeführung im Garten

Eine der wichtigsten Funktionen in jeder Freifläche kommt den Wegen zu, und das unabhängig von der Größe der Anlage, in einem kleinen Innenhof ebenso wie in einem weitläufigen Park. Wege verbinden Punkte und Plätze miteinander. Ihr Verlauf bestimmt, welche Orte ungehindert erreicht werden können.

Planskizze von St. Elisabeth

Mit Wegen wird ein Garten unterteilt, sie sind die optischen Achsen einer Freifläche. Sie erschließen Räume, kennzeichnen Grenzen, schenken Orientierung und ermöglichen damit Bewegungsfreiheit. Menschen mit Demenz erfahren in einem Garten ein Stück Normalität. Denn es ist «normal», sich frei bewegen zu können. Bewegungsfreiheit ist ein wichtiger Bestandteil selbstbestimmten Handelns. Und Selbstbestimmung, auch unter den Bedingungen von Demenz, ist die notwendige Voraussetzung für ein würdevolles Leben.

Im Garten lässt sich ungehindert jeder Bewegungsdrang ausleben, vorausgesetzt, er ist geschützt. Wie weit die Wegstrecke ist, die zurückgelegt werden kann, ist nicht wichtig, denn es sind oft die kleinen «Reisen», die das Leben strukturieren und lebenswerter machen. Entscheidend sind die Möglichkeit und der Anreiz dazu, sich selbstbestimmt zu bewegen.

Um alten und an Demenz erkrankten Menschen eine gute Orientierung zu ermöglichen, sind folgende Punkte zu beachten:

- ablesbare Raumstruktur durch kontrastreiche Einfassung der Wege oder begleitende Mauern
- sich wiederholende Formen der Sitzplätze (Wiedererkennungseffekt), zum Beispiel kreisrunde Plätze
- klare Strukturen
- Sackgassen vermeiden
- Unterstützung bei Richtungswechsel durch organisch fließende Wegeführung
- verständliche Wegeführung durch klare Unterteilung in Haupt- und Nebenwege und wenig Abzweigungen
- klare Orientierungspunkte an Kreuzungen und Weggabelungen
- Sichtbeziehungen (wo gehe ich hin?) und Offenheit (was erwartet mich?)

Als Gestaltungselemente kommen Bepflanzung, Mauern, Geländer, Beete, Rasenkanten, Zäune, Sitzflächen, Wände, Hauskanten, Hecken, Pflasterstrukturen, Wasserläufe oder Gehwegstrukturen infrage.

▷ So weit das Auge reicht – der Blick aus dem Fenster

Dass Menschen mit Demenz in ihrer häuslichen und sozialen Umgebung die Welt draußen durch den Blick aus dem Fenster erleben können, ist wichtig. Ob und in wieweit es ihnen tatsächlich möglich ist, hängt von verschiedenen Faktoren ab.

Das bloße Vorhandensein eines Fensters reicht oft nicht aus, um das Draußen nach drinnen zu holen. Das Fenster ist die Schwelle, die optisch überschritten werden muss, um sich mit der natürlichen Welt zu verbinden. Bei dieser scheinbar einfachen Aktivität spielen verschiedene Aspekte eine Rolle:

- der Standort des Betts bei bettlägerigen Menschen (können sie in bevorzugter Liegeposition bequem aus dem Fenster schauen?)
- Gardinen oder Vorhänge können das Vorhandensein eines Fensters ausblenden
- die Hauptaufenthaltsorte der Bewohner/-innen bestimmen die Häufigkeit des Rausschauens
- der Standort des Gebäudes in der Landschaft
- die Lage des Zimmers im Gebäude
- die Qualität des Ausblicks und die individuellen Vorlieben des/der Betrachtenden

Das, was gerne betrachtet wird, ist von Mensch zu Mensch unterschiedlich. Manch einer schaut gerne in die Ferne oder beobachtet am liebsten Vögel, jemand anderes verliert sich gerne in Baumwipfeln oder findet das Treiben auf der Straße am reizvollsten. Es gilt, den Bewohnerinnen und Bewohnern unterschiedliche Ausblicke anzubieten, und zwar, wenn möglich, an allen Aufenthaltsorten, Blicke nach draußen, die den Garten und das natürliche Umfeld mit ihren Farben und Formen, den dort vorkommenden Lebewesen und jahreszeitlichen Veränderungen erlebbar machen.

Die wohl bekannteste Untersuchung zur Auswirkung des Ausblicks aus dem Fenster auf die Genesung von Patienten während eines Krankenhausaufenthalts nach einer Operation stammt von Roger S. Ulrich (1984). In einem Krankenhaus in der Nähe von Pennsylvania verglich er zwischen 1972 und 1981 Patienten, die auf Bäume blicken konnten, mit solchen, die auf eine Mauer schauten. Er konnte belegen, dass sich der Bedarf an Schmerzmitteln verringerte und sich die Aufenthaltsdauer im Krankenhaus deutlich verkürzte, wenn die Patienten auf Bäume schauen konnten.

▷ Ordnung ist das halbe Leben – Parkplätze für Gehwagen

Aktuell gibt es schätzungsweise drei Millionen Rollatoren in Deutschland, der Sozialverband VDK spricht von jährlich 600.000 verkauften Exemplaren. In der Schweiz geht das Bundesamt für Verkehr sogar davon aus, dass in rund 20 Jahren gleich viele Gehwagen unterwegs sind wie Kinderwagen. Rollatoren können helfen, sicherer zu gehen und möglichst selbständig zu sein – zu Hause, im Garten oder bei Spaziergängen. Sie bieten Halt und erleichtern die Fortbewegung, zudem sind sie häufig mit einem Korb ausgestattet und werden vielfach als Sitz für unterwegs genutzt. Doch wohin mit dem Rollator, wenn er nicht gebraucht wird? Eine wichtige Frage, auf die sich meiner Meinung nach Städte und Kommunen noch nicht ausreichend vorbereitet haben. Denn ohne ausreichende Abstellmöglichkeiten können Ausflüge, Arzttermine oder Einkäufe schnell zum Problem werden. Auch im Wohnungsbau müssen sich die Verantwortlichen vermehrt über Abstellmöglichkeiten Gedanken machen, damit die Gehhilfen nicht Stufen oder Treppen hinaufgetragen werden müssen und nicht Hausflure und Treppenhäuser blockieren. In einem Garten für ältere Menschen mit und ohne Demenz sind neben Sitzplätzen und Terrassen ausreichend Abstellflächen für Rollatoren vorzusehen. Um mit dem Rollator wenden zu können, wird eine Bewegungsfläche von 120 × 120 Zentimeter benötigt.

▷ Der Mensch geht, wie Wasser fließt – der Bewegungsimpuls des Menschen

Manch einer wird aus einem ganz natürlichen Bedürfnis nach Bewegung den Weg in den Garten antreten. Jemand anderes benötigt einen Bezugspunkt, auf den er zusteuern kann. Wieder jemand anderes wird von einer Begleitperson durch den Garten geführt. Alle können einem Weg folgen, dem sie vertrauen, der keine Einbahnstraßen birgt, der handhabbar ist, unauffällig leitet und zum Ausgangspunkt zurückführt. Für Menschen mit Demenz muss ein Wegesystem automatisch zum Ausgangspunkt zurückführen, denn nur so können sie selbstbestimmt und selbständig den Garten erkunden, ohne verloren zu gehen.

Die sogenannte automatische Rückführung unterliegt einer Gesetzmäßigkeit, an der sich bereits Friedrich Ludwig Sckell (1750-1823, deutscher Gartenarchitekt) orientierte. Er legte schon damals Wege an, die den Bewegungsimpuls des Menschen berücksichtigen. Er ließ die Wege sanft schwingen, wie ein Wasserstrom durch die Landschaft fließt. Der Bewegungsfluss eines Menschen folgt den Gesetzmäßigkeiten des Wassers, das sich an bestimmte Bahnen hält. Der deutsche Landschaftsarchitekt Günther Grzimek (1915-1996) drückte es so aus: «Der Mensch geht, wie das Wasser fließt – komme, was wolle.»

Auch Menschen mit Orientierungsschwierigkeiten folgen diesem Bewegungsimpuls oder besser gesagt, gerade sie brauchen diese energetische Spur, der sie folgen können. Auch auf Herrn Pietsche in St. Elisabeth trifft das zu. Immer wieder beobachte ich, dass Wege, die sanft fließen, häufiger gegangen werden – selbst wenn Gefälle oder anderes Unwegsame Hindernisse bildet. Manchmal werden sogar Rollatoren und Rollstühle über Schotter und Rasen gezerrt, nur weil dort eben der natürliche Bewegungsimpuls entlangführt. Häufig muss ich schmunzeln, wenn ich sehe, wie ausdauernd Bewohnerinnen und Bewohner sowie Mitarbeiterinnen und Mitarbeiter sein können, wenn es darum geht, die Wegeführung anzupassen: Jeder kennt sie, die Trampelpfade, die verdeutlichen, dass bei der Planung nicht berücksichtigt wurde, dass Menschen anderen Impulsen folgen als den sorgfältigen Planungen am Computer.

▷ Wo man baut, da pflanzt man Bäume – die uralten Eichen

Wohl keine anderen Baumarten bieten so vielen Tieren einen Lebensraum wie die einheimischen Eichen, die Stiel-Eiche (*Quercus robur*) und die Trauben-Eiche (*Quercus petraea*). Alleine an Insekten sollen es bis zu 500 Arten sein. Die Früchte der Eichen, die Eicheln, sind für uns Menschen durch ihre Bitterstoffe ungenießbar und giftig. Sie haben aber einen sehr hohen Stärkeanteil und sind daher wertvoller Energie- und Proteinlieferant für viele Vögel und Säugetiere. Eichhörnchen, Mäuse und Igel legen Wintervorräte aus Eicheln an. Auch Rehen, Hirschen und Wildschweinen dienen sie als wichtige Nahrungsquelle. Pilze lieben Eichen ebenfalls, etwa der Sommer-Steinpilz, der Kaiserling oder die Eichen-Rotkappe, auch Laubwald-Rotkappe genannt. In Süddeutschland, der Schweiz und in südlichen Ländern kann man unter Eichen echte Trüffel finden oder sogar züchten.

Wegen ihrer ökologischen Bedeutung sind die Eichen, die bis 1000 Jahre alt werden können, wertvolle Nutzbäume für die freie Landschaft, für Parkanlagen und Rekultivierungen. Als Stadt- und Alleebäume oder als Hofbäume sind sie seit Jahrhunderten beliebt. Denn unter einem Hofbaum wird gefeiert und gelacht. Hofbäume sind über viele Generationen eng mit Ereignissen und Erinnerungen verknüpft. Sie sind eine Verbindung zu längst vergangener Zeit und je älter sie sind, umso mehr Wertschätzung wird ihnen entgegengebracht.

▷ Mein Freund, der Baum – Wirkung von Bäumen

Bäume sind Symbole für ein langes Leben, für Kraft, Verwurzelung und Bodenständigkeit. Das sind Eigenschaften oder Qualitäten, die Menschen in Pflegesituationen oftmals fehlen. Wir werden ehrfürchtig beim Anblick mächtiger Bäume und neigen unser Haupt vor dem Alter dieser Riesen.

Befinden sich alte Bäume auf dem Gelände einer Senioreneinrichtung, sollten sie bewusst mit in die Gartengestaltung einbezogen werden. Und zwar so, dass sie von den Menschen, deren Garten es wird, erfahrbar sind: Eine Bank um den Stamm einer alten Eiche *(Quercus)*, um mit dem Rücken am Stamm zu lehnen und über die alte Borke streichen zu können. Einen Sitzplatz in einiger Entfernung vis-a-vis des Baums, um ihn in seiner ganzen Pracht bewundern zu können.

Pflanzen Sie gemeinsam einen Hausbaum für die Zukunft und feiern Sie regelmäßig ein Baumfest wie beispielsweise ein Lindenfest oder einen Ahorntag. Rücken Sie gemeinsam die alten und jungen Bäume ins Zentrum der Betrachtung und Beachtung. So kann ein Altenheimgarten auch zum Erhalt und Schutz alter Bäume beitragen nach dem Motto: «Alte schützen Altes».

Beziehungen gestalten und Kontakte knüpfen

▷ Ist der Ruf erst ruiniert, lebt es sich ganz ungeniert – die fünf Generationen des stationären Altenwohnbaus

In der Gestaltung, Organisation, den Baulichkeiten und in den Pflegekonzepten stationärer Senioreneinrichtungen spiegelt sich der Entwicklungsstand einer Gesellschaft im Umgang mit ihren alten Menschen wieder. Von der Nachkriegszeit bis heute wurden die Konzepte den gesellschaftlichen Bedarfen und Bedürfnissen angepasst. Mittlerweile sind wir in der fünften Generation des stationären Altenwohnbaus angelangt (Michell-Auli & Sowinski 2013).

Die erste Generation der Altenheime – von der Nachkriegszeit bis in die 1960er Jahre – glich Verwahranstalten mit dem Leitbild «Insasse wird verwahrt». Kennzeichnend waren große Schlafsäle, minimale Ausstattung, Gemeinschaftssanitäranlagen und eine hohe Belegdichte.

Die zweite Generation (1960er- bis 1980er-Jahre) entsprach dem Leitbild Krankenhaus: «Patient wird behandelt». Die Belegdichte war entspannter, es gab eher Zweibettzimmer mit Waschtischen und teilweise verfügten die Einrichtungen über eine eigene Bäderabteilung und Physiotherapie.

Die dritte Generation (1980er- bis 1990er-Jahre) entsprach dem Leitbild eines Wohnheims. Die Pflegeeinrichtung war nun Wohnstätte und Lebensraum. Es wurden nicht mehr nur die Defizite gesehen, sondern eine ganzheitliche Sichtweise stand im Raum. Individualität und aktivierende Pflege nahm zu, neben Pflegeerfordernissen wurden auch Wohnbedürfnisse berücksichtigt nach dem Motto: «Gepflegt wird, wo gewohnt wird».

Die vierte Generation (seit 1995) verfolgt das Hausgemeinschaftskonzept. Diese Generation fällt zeitlich mit der Einführung der Pflegeversicherung zusammen. Das vorherrschende Leitbild ist die Familie als eine überschaubare Gruppe von bis zu 12 Personen. Das Gemeinschaftsleben findet, ähnlich einer Großfamilie, im Wohn-Ess-Kochbereich statt. Die Gruppe wird von einer Präsenzkraft als permanenter Bezugsperson begleitet, die den Haushalt führt. Der Herd ist quasi der «Brennpunkt» der Gemeinschaft und die Bewohner beteiligen sich – ihren Fähigkeiten entsprechend – aktiv am Alltag oder sitzen hautnah dabei und nehmen die Bewegungen, Geräusche, Gerüche auf.

Die fünfte Generation, die KDA-Quartiershäuser, gibt es seit 2010. Das Lebensprinzip Normalität steht wie in der vierten Generation im Fokus. Neu ist die Idee der drei Grundprinzipien: «Leben in Privatheit», «Leben in Gemeinschaft», «Leben in der Öffentlichkeit». In Quartiershäusern werden die Rückzugsräume jedes Individuums gestärkt sowie die Autonomie und Selbstbestimmung gefördert. Gleichzeitig wird Gemeinschaft gelebt und am öffentlichen Leben teilgenommen.

▷ Wer nicht hören kann, darf fühlen – Berührung und Körperkontakt

Tom Kitwood, ein britischer Sozialpsychologe und Psychogerontologe, stellt in seinem Ansatz der personzentrierten Pflege von Menschen mit Demenz (Kitwood 2008) die Einzigartigkeit einer jeden Person in den Mittelpunkt, die auch bei einer Demenzerkrankung nicht verloren geht. Der Erhalt und die Stärkung des Personseins ist sein oberstes Ziel.

Berührung und Körperkontakt sind wichtige Erinnerungsmöglichkeiten an sich selbst und sind gleichzeitig ein wunderbares Mittel, um Liebe auszudrücken. Denn ein grundlegendes Bedürfnis eines jeden Menschen, ob mit oder ohne Demenz, ist das Bedürfnis nach Liebe.

▷ Wenn ihr's nicht fühlt, ihr werdet's nicht erjagen – die Wirkung von Spiegelneuronen

«Italienische Psychologen haben in den Neunzigerjahren des vorherigen Jahrhunderts durch Zufall entdeckt, dass bestimmte Nerven in unserem Gehirn aktiv werden, wenn wir anderen beim Ausführen einer Handlung zusehen. Neurologisch betrachtet scheinen wir die Handlung selbst auszuführen. In anderen Worten: Beim Betrachten einer bestimmten Handlung, beispielsweise des Versuchs, einen Faden durch ein Nadelöhr zu ziehen, werden beim Beobachter die gleichen Nervenzellen aktiviert wie bei der handelnden Person selbst. Später entdeckten Forscher, dass diese Beobachtung nicht nur auf Handlungen, sondern auch auf Emotionen zutrifft. Wenn wir jemanden weinen sehen und seine Traurigkeit nachempfinden, wird in unserem emotionalen Gehirn das gleiche Areal aktiv wie bei der weinenden Person. Spiegelneuronen bilden die neurologische Grundlage für Empathie und sind der Grund dafür, dass Emotionen ansteckend sind. Es geht sogar noch weiter, wenn ich beispielsweise beobachte, wie sich jemand in den Finger schneidet, erlebe ich selbst ein Unbehagen und kann nachempfinden, wie sich der Schmerz anfühlt. Ich werde regelrecht mit dem Gefühl der anderen ‹angesteckt›, vorausgesetzt, ich kenne die Erfahrung oder das Gefühl, das zugrunde liegt.» (H. Buijessen 2016) Ich glaube, Frau Sommer und ich hatten ausreichend Zeit, uns gegenseitig anzustecken – in unseren Stimmungen und unseren Handlungen.

▷ In der Ruhe liegt die Kraft – Beziehungsgestaltung

Nimmt die aktive Handlungsfähigkeit ab, so erlebt und erfährt sich ein Mensch weiterhin durch Beziehungen. Martin Buber (1878-1965, österreichisch-israelischer Religionsphilosoph) schreibt dazu: «Beziehung kann bestehen, auch wenn der Mensch, zu dem ich Du sage, in seiner Erfahrung es nicht vernimmt.»

Beziehungen sind wie Reiseführer. Sie führen behutsam durch eine Welt, die immer fremder wird. Aber nicht nur über Worte gestaltet sich der Kontakt in diesem unbekannten Land, viel wichtiger sind die Körpersprache und der Ausdruck von Gefühlen. Denn über Sprache wird nur ein Bruchteil an Kontakt vermittelt.

Ein kurzer Blick, ein in die Augen Schauen, stehen bleiben, sich zuwenden, eine leichte Berührung und die Welt ist nicht mehr ganz so fremd. Eine Summe an kleinen Perlen, die wie eine Kette einen Anker bilden.

Die Perlen auf einer Schnur, so nennt Tom Kitwood (1937-1998, englischer Psychogerontologe) diese Abfolge an kleinen Interaktionen, die manchmal so winzig erscheinen, dass wir sie oftmals so wenig wertschätzen (Kitwood 2008).

Es gibt eine Fülle an Möglichkeiten, eine Perle aufzufädeln. Für Menschen mit Demenz, ihre Angehörigen, aber auch für pflegende und helfende Personen hält der Garten vielfältige Möglichkeiten bereit. Im gemeinsamen Tun oder Erleben rückt die Sachebene an den Rand und ins Zentrum rückt die Beziehung.

▷ Lass Blumen sprechen – ein Garten stiftet Beziehungen

Blumen lösen Emotionen aus und schon ihr Anblick kann Gefühle wachrufen. Dass Blumensträuße emotionale Ereignisse begleiten, wie zum Beispiel der Hochzeitsstrauß oder die Blumen am Grab, ist wohl bekannt. Dass Pflanzen und Blumen auch Empathie wecken und den Wunsch nach Begegnung und Kontakt zu anderen Menschen fördern können, fanden Maas et al. (2009) in den Niederlanden heraus. In ihrer Studie korrelierte der Anteil von Grünflächen in der Umgebung positiv mit der Anzahl der sozialen Beziehungen. Je grüner die Umgebung war, umso mehr soziale Kontakte wurden gepflegt und umso seltener wurde über Einsamkeit geklagt. Gute Gründe, die für eine blütenreiche Umgebung für Menschen mit Demenz sprechen!

▷ Ich glaub, ich steh im Wald – Treffpunkt Garten

Ältere Menschen knüpfen häufiger soziale Kontakte und fühlen sich besser sozial unterstützt, wenn sie in einer grünen Umgebung leben (Sullivan & Wiley 1998). Eine ganz besondere Rolle spielen dabei Bäume. Sie werden in Gärten und auf öffentlichen Plätzen unweigerlich zu einem Treffpunkt (Coley, Kuo & Sullivan 1997). Auch Menschen mit Demenz laden sie zur Gruppenbildung ein, deshalb dürfen Bäume in Gärten für diese Zielgruppe nicht fehlen.

Aktivität erhalten und Fähigkeiten leben

▷ Wer ernten will, muss säen – der Bauerngarten

Der Bauerngarten ist ein jahrhundertealtes Kulturgut, das positive Lebenserinnerungen aufleben lässt. Ein Bauerngarten möchte nicht nur betrachtet werden oder als Zierde dienen, er ist Lebensraum. In früheren Zeiten versorgte er mit Obst und Gemüse und war Lebensgrundlage für die Familie.

Nicht nur der Anbau von Nahrungsmitteln spielte eine wichtige Rolle, die im Garten wachsenden Heilkräuter waren für die Behandlung von Krankheiten wichtig. Das Wissen um die Heilkraft der Kräuter stammt zum größten Teil aus den Klöstern, von wo aus die Mönche und Nonnen viele nützliche Pflanzen an die Bauernschaft weitergaben. Auch für die Gartenstruktur diente der Klostergarten als Vorbild. Schnurgerade Wege, Wegkreuz und quadratische Beete mit einer Einfassung, häufig einer niedrigen Buchshecke, sind noch heute typische Gestaltungsmerkmale. Nicht nur die Gartenstruktur ist erhalten geblieben, auch die Auswahl der Pflanzen hat sich wenig verändert. Denn wer kennt sie nicht, die typischen Bauerngartenpflanzen? Falls Ihnen keine Namen einfallen, bitten Sie einfach einen alten Menschen um Rat.

▷ Morgenstund hat Gold im Mund – Tages- und Nachtbetreuung

Unter Tagesbetreuung für Menschen mit Demenz versteht man eine Einrichtung, in der Menschen, die an Demenz erkrankt sind, tagsüber betreut werden. Dieses Betreuungsangebot wird vielfach von Angehörigen genutzt, die ihre Verwandten tagsüber – dauerhaft oder an bestimmten Tagen – gut versorgt wissen wollen, während sie beispielsweise ihrem Beruf nachgehen. In der Tagesbetreuung gibt es Beschäftigungsangebote, Mittagessen und Ruheräume. Die Gäste, so werden die Seniorinnen und Senioren genannt, werden morgens abgeholt und am späten Nachmittag oder frühen Abend wieder nach Hause gebracht.

Die Nachtbetreuung, ein allgemein weniger genutztes Betreuungsangebot, findet meist in den Räumen einer Tagesbetreuung oder einer Pflegeeinrichtung statt. Sie bietet sich vor allem bei nächtlicher Unruhe der alten Men-

schen an, um den betreuenden Angehörigen einen ruhigen Schlaf zu ermöglichen, so dass sie für den Tag ausgeruht und leistungsfähig sind.

Die Gärten für diese Betreuungsformen sind konzeptionell anders zu planen als Gärten für eine vollstationäre Betreuung. Das Nutzungsverhalten ist ein anderes. Die Gäste sind nur für einige Stunden dort, zudem sind nicht täglich die gleichen Menschen zu Gast und an den Wochenenden ist niemand da. Besonders die Grünpflege muss entsprechend geplant werden. Nach meinen Erfahrungen wird der Garten in einer Tagesbetreuung eher für einen Spaziergang genutzt oder für eine gemütliche Runde als für aktive Mitgestaltung. Man darf nicht vergessen, es ist ein Garten, den ein Gast besucht, und nicht der eigene Garten. Wenn ich irgendwo zu Besuch bin, buddle ich auch nicht im Garten. Dann bleibe ich auf dem mir zugewiesenen Platz sitzen und genieße den Aufenthalt. Meistens jedenfalls.

▷ Alte Bäume biegt man nicht – mit Ritualen den Tag strukturieren

Rituale (von lat. *ritus*: Sitte) strukturieren den Tag und geben Halt. Sie bestehen aus Wiederholungen einer bestimmten Tätigkeit über einen längeren Zeitraum hinweg und sind im Alltag fest verankert. So wie die Handlungen werden auch damit einhergehende Emotionen erlebbar gemacht, die beispielsweise Stimmungsschwankungen regulieren können. Hinter Ritualen steht eine bewusste Handlung, für die sich alle Zeit nehmen und die einen bestimmten psychologischen Zweck erfüllt. Wie wäre es mit einem gemeinsamen Schritt in den Tag? Ein kurzer Spaziergang im Garten oder ein paar tiefe Atemzüge am offenen Fenster? Denn Rituale bedeuten emotionalen Halt.

▷ Graben und hacken macht rote Backen – die aktivierende Wirkung des Gartens

Dass Gartenarbeit unser Wohlbefinden steigert und sich positiv auf das körperliche und seelische Befinden auswirkt, hat sicherlich jeder schon einmal erfahren. Es ist sogar wissenschaftlich bewiesen, dass Gartenarbeit die allgemeine Befindlichkeit verbessern kann. Für Menschen mit Demenz aber hat die Arbeit im Garten, neben gesundheitlichen Aspekten, zusätzliche

positive Auswirkungen. Beispielsweise bewirkt Gartenarbeit eine Zunahme sogenannter produktiver Verhaltensweisen wie singen, essen oder lesen bei einer gleichzeitigen Abnahme nicht produktiver Verhaltensweisen wie einschlafen, abseits stehen, erschöpft sein. Jarrott, Kwack und Relf (2002) untersuchten eine Gruppe von Patientinnen und Patienten im Alter von 79 Jahren, die nachweislich an Alzheimer litten. Sie verglichen das Verhalten der Seniorinnen und Senioren während der Arbeit im Garten mit dem Verhalten während anderer Beschäftigungen wie Malen oder Basteln. Alle Kurse fanden im Freien statt und dauerten 30 bis 40 Minuten. Es zeigte sich, dass die Patienten gärtnerische Tätigkeiten wie Blumen einpflanzen häufiger wiederholten und eher selbständig ausführten als vergleichbare Tätigkeiten anderer Beschäftigungsangebote. Sie suchten während der Gartenarbeit häufiger das Gespräch mit anderen und schliefen seltener ein, ebenso zeigten sie allgemein eine höhere Aktivität und produktives Verhalten wie singen und essen nahmen zu. Das Fazit der Wissenschaftler: Gartenarbeit macht aktiv und ihr aktivierender Einfluss wirkt weit über die gärtnerische Beschäftigung hinaus. Gartenarbeit stiftet wahrlich zum Leben an.

▷ Nur die Harten gehen im Garten – Sitzbänke für Seniorinnen und Senioren

Es gibt Parkbänke, die auf die Fähigkeiten alter Menschen abgestimmt sind. Denn «sich setzen» darf nicht zum Hindernis werden. Ideale Eigenschaften einer Sitzbank für ältere Menschen sind folgende:

- eine Sitzhöhe von 48 Zentimeter, die das Setzen und Aufstehen erleichtert
- hohe und relativ steil stehende Rückenlehne, die den Rücken unterstützt
- Armlehnen, die beim Aufstehen sicheren Halt geben
- eine leicht nach vorne geneigte Sitzfläche, die das leichte Aufstehen unterstützt
- eine im Kniekehlenbereich abgerundete Struktur
- eine Banklattung aus warmem Material wie beispielsweise Holz

Gesundheit fördern und Wohlbefinden erfahren

▷ Sich regen bringt Segen – Gartentherapie

Was ist Gartentherapie? Ist der Blick aus dem Fenster ins Grüne bereits Therapie oder das Ausputzen einer Rose? Wer führt Gartentherapie durch? Und kann sie nur draußen in einem Garten stattfinden?

Die Internationalen Gesellschaft Gartentherapie (IGGT) liefert auf ihrer Website folgende Definition:

«Gartentherapie ist eine fachliche Maßnahme, bei welcher pflanzen- und gartenorientierte Aktivitäten und Erlebnisse genutzt werden, um zielgerichtet Interaktionen zwischen Mensch und Umwelt zu initiieren und zu unterstützen, mit dem Ziel der Förderung von Lebensqualität und der Erhaltung und Wiederherstellung von funktionaler Gesundheit.»

Das Ausputzen einer Rose kann demnach eine gartentherapeutische Handlung sein. Denn es werden gezielt Prozesse in Gang gesetzt. Ob diese Prozesse zum erwünschten und definierten Ziel führen, muss überprüfbar sein. Die Therapieziele wie beispielsweise die Förderung von Bewegungsabläufen, die dem Ausputzen der Rose zugrunde liegen, werden von Gartentherapeuten in enger Zusammenarbeit mit medizinischem Pflegepersonal, Therapeutinnen und Therapeuten oder Sozialarbeiterinnen und Sozialarbeitern formuliert.

Gartentherapie kann nicht nur Mobilität fördern und Beweglichkeit erhalten, sondern auch – für Menschen mit Demenz besonders wichtig – Erinnerung ansprechen, Fähigkeiten aufleben lassen, die Lern- und Merkfähigkeit erhöhen oder Antrieb und Motivation steigern. Entscheidend ist, dass bei gärtnerischen Aktivitäten die Handlung als solche im Mittelpunkt steht, mit der ein therapeutisches, soziales oder pädagogisches Ziel verfolgt wird, und nicht das Gedeihen der Pflanzen. Gartentherapie muss von qualifizierten Fachkräften geleitet werden. Denn ein Garten alleine macht noch keine Therapie! Es braucht weitergebildete Personen, die diese professionelle Intervention «Gartentherapie» zielgerichtet durchführen können.

Die Internationale Gesellschaft Gartentherapie koordiniert im deutschen Sprachraum Weiterbildungen zum Gartentherapeuten und zertifiziert weitergebildete Personen nach den Richtlinien der IGGT. Nähere Informationen finden Sie unter iggt.eu.

▷ Wer rastet, der rostet – Gartenarbeit stärkt die Gesundheit

Die meisten Arbeiten im Garten können von Hand ausgeführt werden wie beispielsweise das Umgraben oder Hacken der Beete, die Aussaat oder das Setzen der Pflanzen, das Ausputzen der Blumen, das Wässern mit Schlauch oder Gießkanne oder die Ernte von Obst und Gemüse. Die Arbeiten von Hand machen keinen Lärm und keinen Gestank und sind einfach auszuführen, denn eine Gießkanne oder ein kleines Gießkännchen können die meisten Menschen bis ins hohe Alter handhaben, unabhängig von der Schwere einer Demenz. Zudem ist Gartenarbeit gesundheitsfördernd, sie kann die Herzfrequenz senken, den Puls beruhigen, den Blutdruck ausgleichen, die Atmung vertiefen, die Stimmung aufhellen oder sie hilft beim Stressabbau. Schon oft konnte ich beobachten, dass uns bei der Gartenarbeit erst mal eine gewisse Zeit zugeschaut wird. Irgendwann kommt der Impuls, selber zum Spaten oder zur Hacke greifen zu wollen, vielleicht weil die Tätigkeit als handhabbar oder vertraut erkannt wird. Würden wir mit einem Pflug, Fräse oder Bagger dem Boden zu Leibe rücken, gäbe es für die Seniorinnen und Senioren keine Möglichkeit, ihrem Tempo entsprechend einzusteigen und teilzuhaben. Ihnen bliebe lediglich, hinter einem Bauzaun abseits vom Geschehen, den Arbeiten zuzuschauen. Was in jedem Fall besser ist, als gar nicht rauszukommen, und es gibt natürlich immer den ein oder anderen Herren, für den es interessant ist, den Arbeiten eines Baggers zuzuschauen. Egal, ob es die Bewohnerinnen und Bewohner eines Seniorenheims sind, die Mitarbeitenden oder die Angehörigen, die zum Gartengerät greifen, die Arbeit von Hand wirkt für alle entschleunigend und die ausführende Person bestimmt das Tempo.

▷ Steter Tropfen höhlt den Stein – die gesundheitsfördernde Wirkung von Gärten

In verschiedenen Studien konnten positive Wirkungen einer Gartentherapie für Menschen mit Demenz, die in stationärer Betreuung leben, nachgewiesen werden. Zum Beispiel verglichen Jarrot und Gigliotti (2010) die Auswirkungen von gartentherapeutischen Programmen mit denen herkömmlicher Beschäftigungsprogramme. Die Ergebnisse zeigen, dass pflanzen- und gartenorientierte Tätigkeiten positiven Einfluss auf das adaptive Verhalten haben und zu einer Zunahme an aktivem und passivem Engagement führen. Zu einem ähnlichen Ergebnis waren bereits 2002 Wissenschaftler um Diane Relf gekommen (Jarrott, Kwack & Relf 2002): Auch in dieser Untersuchung wurden herkömmliche Tätigkeiten wie Malen oder Basteln mit Aktivitäten im Garten verglichen. Es stellte sich heraus, dass sich die gärtnerisch tätigen Personen häufiger produktiv verhielten, das Gespräch mit anderen suchten und weniger einschliefen oder Erschöpfung zeigten.

Studien von Cohen-Mansfield und Werner (1998) zeigten, welche positiven Wirkungen von einer «grünen» Gestaltung des Umfelds ausgehen können. Ihre Untersuchungen belegen, dass in einem sinnlich erfahrbaren und naturnahen Umfeld seltener Verhaltensauffälligkeiten auftreten und das Wohlbefinden signifikant höher ist.

Die soziale Dimension von Gärten untersuchten Kuo et al. (1998) an Bewohnerinnen und Bewohnern einer Altenhilfeeinrichtung im Alter von 64 bis 91 Jahren. Gärten fördern die soziale Integration der Menschen in der Gemeinschaft. Mehr soziale Kontakte können indirekt zu einer Verbesserung der Gesundheit führen. Eine Befragung von Maas et al (2009) bestätigt diese Beobachtung: Es wird das Gefühl der Einsamkeit verringert und Depressionen werden vermieden. Außerdem sinkt die Wahrscheinlichkeit, kognitive Fähigkeiten zu verlieren, und das Leben wird sogar verlängert.

Auch in Krankenhäusern wären Pflanzen ein wichtiger Beitrag, um das Wohlbefinden zu erhöhen, wie eine sechsmonatige Studie von Mooney und Milstein (1994) mit 40 älteren Menschen zeigt: Eine Beobachtungsgruppe nahm wöchentlich an zwei Therapieeinheiten teil, eine Kontrollgruppe erhielt lediglich eine Zimmerpflanze. Das Befinden wurde mithilfe eines standardisierten Fragebogens bei allen beteiligten Personen untersucht. Es zeigte sich bei der Beobachtungsgruppe eine signifikante Zunahme positiver Effekte wie eine verbesserte räumliche und zeitliche Orientierung, erhöhte Aufmerksamkeitsspanne und verbesserte soziale Interaktionen innerhalb und außerhalb der Therapiestunden. Auch das physische Befinden besserte sich, Motivation und Eigeninitiative bei Aktivitäten steigerten sich.

▷ Der frühe Vogel fängt den Wurm – Tag- und Nachtrhythmus

Der Verlust des Zeitgefühls ist ein häufiges Symptom von Demenz. Die Folge ist eine Verschiebung des Tag-Nacht-Rhythmus. Wie kann ich aber diesen Rhythmus erhalten? Und was genau ist überhaupt ein Zeitgefühl und wie entsteht es?

In der Wissenschaft beschäftigt sich die Chronobiologie mit der inneren Uhr und mit dem, was sie aus dem Takt bringt. Die innere Uhr tickt im Gleichklang mit der Natur. Durch das Erleben eines 24-stündigen Zyklus von Licht und Dunkelheit kann der Körper seinen Tageszyklus regulieren.

Da ist zum Beispiel der regelmäßige Aufenthalt im Freien, der positiven Einfluss auf den Biorhythmus eines Menschen hat. Das Licht synchronisiert die «innere Uhr» mit der «externen Uhr» (Tag und Nacht). Sind wir von dem täglichen Wechsel von hell und dunkel abgeschnitten, können Depression und Schlafmangel auftreten. Von diesem Abgeschnitten-Sein sind alte Menschen in Pflegesituationen häufiger betroffen, denn sie sind meistens unzureichend mit natürlichem Licht versorgt. Die Gründe dafür sind vielfältig: In die Zimmer oder das Gebäude scheint unzureichend Sonnenlicht, es gibt keinen Garten oder nicht barrierefreie Zugänge und körperliche Einschränkungen verhindern den Gang nach draußen. Die Folgen sind erschreckend. Vielleicht gewinnen Betroffene ihr Zeitgefühl zurück, wenn sie den Tag mit einem kleinen Spaziergang im Garten beginnen, am Nachmittag dem Regen zuschauen und am Abend durch ein großes Fenster von der untergehenden Sonne in den Schlaf begleitet werden.

▷ Taler, Taler, du musst wandern – Fördermittel für gesundheitsfördernde Angebote

«Fördermittel zur Unterstützung von Einrichtungen zur Entwicklung innovativer Konzepte und Implementierung in die Praxis» können beim Deutschen Hilfswerk (DHW) beantragt werden. Die Fördermittel dienen unter anderem einer gartentherapeutischen Schulung von Mitarbeiterinnen und Mitarbeitern. Beantragen können diese Mittel alle Einrichtungen oder Organisationen, die den Verbänden der Freien Wohlfahrtspflege angehören oder ihnen angeschlossen sind.

«Prävention in stationären Pflegeeinrichtungen nach § 5 SGB XI.» In diesem Sinne können Mitarbeiterinnen und Mitarbeiter von Pflegeeinrichtungen entsprechend dem Gesetz zur Stärkung der Gesundheitsförderung und der Prävention (PrävG) geschult werden. Für den Bereich Gartentherapie werden (zukünftig) Weiterbildungen und Schulungen über die Pflegekassen gefördert.

Winter
Vor-
frühling
Erst-
frühling
Voll-
frühling
Früh-
sommer
Hoch-
sommer
Spät-
sommer
Früh-
herbst
Voll-
herbst
Spät-
herbst
Dez.
Jan.
Feb.
März
April
Mai
Juni
Juli
Aug.
Sept.
Okt.
Nov.

Offizielle Liste giftiger Pflanzen

Das Bundesministerium für Umwelt, Naturschutz und Reaktorsicherheit hat am 17. April 2000 die offizielle Liste giftiger Pflanzen im Bundesanzeiger neu veröffentlicht. Diese Liste enthält ausschließlich Pflanzen, die auch bei Aufnahme geringer Mengen an Pflanzenmaterial mittelschwere (**) bis schwere (***) Vergiftungen verursachen können.

Wachstum	Deutscher Name	Botanischer Name	Toxizität	vorwiegend giftige Pflanzenteile
K	Aronstab, gefleckter, Trommelschlägel, Zehwurz	*Arum maculatum*	* *	Wurzelstock, Beeren, Blätter
K	Bilsenkraut	*Hyoscyamus niger*	* * *	Blätter, Samen
Z	Dieffenbachia-Arten	*Dieffenbachia* spp.	* *	alle Pflanzenteile
S	Efeu	*Hedera helix*	* *	Beeren, Blätter
S, B	Eibe	*Taxus baccata*	* * *	Nadeln, zerbissener Samen
K	Eisenhut, blauer u. a., Sturmhut, echter	*Aconitum napellus*	* * *	alle Pflanzenteile
S, K	Engelstrompete	*Datura suaveolens*	* * *	alle Pflanzenteile bes. während der Blüte
S , K	Engelstrompeten-Arten	*Brugmansia* ssp.	* * *	alle Pflanzenteile bes. während der Blüte
S	Färberginster, Gilbblümli	*Genista tinctoria*	* *	Samen
S	Faulbaum	*Frangula alnus*	* *	unreife Früchte, frische Rinde, Blätter
K	Feuerbohne	*Phaseolus coccineus*	* *	unreife rohe Früchte, Blätter
K	Fingerhut, roter u. a.	*Digitalis purpurea* u. a.	* *	Blätter, Blüten, Samen
K	Fingerhut, wolliger	*Digitalis lanata*	* *	Blätter, Blüten, Samen
K	Germer, weißer	*Veratrum album*	* *	alle Pflanzenteile
K	Gift-Hahnenfuß	*Ranunculus sceleratus*	* *	alle Pflanzenteile
K	Gift-Lattich	*Lactuca virosa*	* *	Milchsaft
B, S	Goldregen	*Laburnum anagyroides*	* *	Blüten, grüne Früchte, Samen

Wachs-tum	Deutscher Name	Botanischer Name	Toxizität	vorwiegend giftige Pflanzenteile
S	Gränke	*Andromeda polifolia*	* *	Blüten und Blätter
K	Herbstzeitlose, Giftkrokus, Wiesensafran	*Colchicum autumnale*	* * *	Samen, Knolle
K	Herkuleskraut	*Heracleum mantegazzianum*	* *	alle Pflanzenteile
K	Kaiserkrone	*Fritillaria imperialis*	* *	Zwiebel
K	Kartoffel(-beeren)	*Solanum tuberosum*	* *	unreife Beeren, Keime, grüne Knollen
K	Kermesbeere	*Phytolacca americana*	* *	alle Pflanzenteile
S	Kirschlorbeer	*Prunus laurocerasus*	* *	Blätter, Samen
Z	Korallenkirsche	*Solanum pseudocapsicum*	* *	unreife Beeren
S	Lebensbaum, Friedhofsbaum, Lebenszaun	*Thuja* spp.	* *	Zweigspitzen, Zapfen
K	Maiglöckchen, Maiblume, Marienlilie	*Convallaria majalis*	* *	Blüten, Blätter, Beeren
Z	Meerzwiebel	*Urginea maritima*	* *	Zwiebel
K, S	Nachtschatten-Arten	*Solanum* spp.	* *	unreife Beere, u. a. Pflanzenteile vor der Blüte
K, S	Nachtschatten, bittersüßer, Alpenranke, Glanzbeere	*Solanum dulcamara*	* *	unreife Beere, u. a. Pflanzenteile vor der Blüte
K, S	Nachtschatten, schwarzer, Hundskraut, Sautod	*Solanum nigrum*	* *	unreife Beere, u. a. Pflanzenteile vor der Blüte
Z	Oleander, Rosenlorbeer	*Nerium oleander*	* *	Blätter, Blüten, Rinde
S, B	Pfaffenhütchen, Spindelstrauch, Pfaffenkäpplein	*Euonymus europaeus*	* *	Samen, Blätter, Rinde
K, Z	Rizinus, Wunderbaum, Palma Christi, Christuspalme	*Ricinus* spp.	* * *	Samen

Wachs-tum	Deutscher Name	Botanischer Name	Toxizität	vorwiegend giftige Pflanzenteile
S	Sadebaum, Stinkwacholder, unechter Wacholder	*Juniperus sabina*	* *	alle Pflanzenteile
K	Schierling, gefleckter, Becherkraut, Mäusedolde	*Conium maculatum*	* * *	alle Pflanzenteile
K	Schlafmohn	*Papaver somniferum*	* *	unreife Kapseln, Milchsaft
S	Seidelbast-Arten	*Daphne* spp.	* * *	Rinde, Samen, Blüten, Blätter
K	Stechapfel	*Datura stramonium*	* * *	Blätter, Samen
S, B	Stechpalme	*Ilex aquifolium*	* *	Blätter, Früchte
K, S, Z	Tabak-Arten	*Nicotiana* spp.	* * *	gesamte Pflanze, außer reife Samen
K	Tollkirsche, Irrbeere, Taumelstrauch	*Atropa bella-donna*	* * *	Früchte, Blätter, Wurzeln
S, Z	Wandelröschen	*Lantana camara*	* *	Beeren, Kraut
K	Wasserschierling, Sumpfgift, Wüterich	*Cicuta virosa*	* * *	gesamte Pflanze, bes. der Saft des Wurzelstockes
K	Wiesen-Bärenklau, Bauernrhabarber	*Heracleum sphondylium*	* *	Blätter und Pflanzensaft
K	Wolfsmilch-Arten	*Euphorbia* spp.	* *	Milchsaft
K	Zaunrübe, rote	*Bryonia dioica*	* *	Wurzel, Beeren, Samen
K	Zaunrübe, weiße	*Bryonia alba*	* *	Wurzel, Beeren, Samen
K	Zeitlose, kultivierte Arten	*Colchicum* spp.	* * *	Samen, Knolle

* * = Die Aufnahme geringer Mengen kann zu mittelschweren Vergiftungen führen.

* * * = Die Aufnahme geringer Mengen kann zu schweren bis tödlichen Vergiftungen führen.

B = Baum, K = Kraut, S = Strauch, Z = Zimmer-/Kübelpflanze

Adressen und Bezugsquellen

Stauden, Kräuter und Saatgut

Deutschland

Bund deutscher Staudengärtner (BdS)
www.stauden.de

Staudengärtnerei Gaißmayer
www.gaissmayer.de

Syringa
Duftpflanzen und Kräuter
www.syringa-pflanzen.de

Clematiskulturen
F. M. Westphal
www.clematis-westphal.de

Staudengärtnerei Gräfin von Zeppelin
www.staudengaertnerei.com

Rosenhof Schultheis
www.rosenhof-schultheis.de

Rühlemann's
Kräuter und Duftpflanzen
www.kraeuter-und-duftpflanzen.de

Artemisia
Gärtnerei und Kräuterladen
www.artemisia.de

Rieger-Hofmann GmbH
Samen und Pflanzen gebietseigener Wildblumen und Wildgräser aus gesicherter Herkunft
info@rieger-hofmann.de

Schweiz

GGS Gesellschaft Schweizer Staudenfreunde
Förderung und Verwendung der Freilandstauden/Kurse und Exkursionen
www.staudenfreunde.ch

Die Wildstaudengärtnerei – Patricia Willi
Verkauf und Onlineshop / Kultur nach biologisch-dynamischen Richtlinien
bestellung@wildstauden.ch

Andermatt Biogarten AG
Onlineshop für Bioprodukte und Pflanzen, Pflanzenpflege, Nützlinge, Gartenzubehör
info@biogarten.ch

Roger Vogt – Staudengärtnerei
info@vogtstauden.ch

Österreich

Sarastro Stauden
Onlineshop, Schaugarten, Exkursionen
office@sarastro-stauden.com

Staudengärtnerei Lechner Helga
Schaugarten und Verkauf:
Blütenstauden – Wasserpflanzen
lechner.stauden@gmail.com

Stauden Feldweber
Onlineshop, Gärtnerei Verkauf, Beratung
mail@feldweber.com

Samen Maier GmbH
Onlineshop Biosaatgut
office@samen-maier.at

Ätherische Öle und Kräuterheilkunde

Deutschland

Taoasis
Ätherische Öle, Aromatherapie
www.taoasis.com

Akademie der Düfte
Seminare und Workshops Aromapflege und Aromatherapie
www.duftakademie.de

Primavera
Ätherische Öle, Aromatherapie und Seminare
www.primaveralife.com

Sonnentor
Ätherische Öle, Kräutertees, Rezepte
www.sonnentor.com

Calendula Kräutergarten
Kräuterladen und Seminare
www.calendula-kraeutergarten.de

Natura Naturans
Ausbildung und Seminare Naturheilkunde
www.natura-naturans.de

Kräuterschulte
Arznei- und Gewürzkräuter
www.kraeuterschulte.de

Kräuterwerkstatt
Kräuterseminare
www.kraeuterwerkstatt.com

Schweiz

Just Kräuterlexikon
Ätherische Öle und Verwendung
www.just.ch

Wildfind
Wildpflanzen- Rezepte
www.wildfind.com

Vereinigung für biologischen Kräuteranbau im Schweizer Berggebiet (VBKB)
www.biobergkraeuter.ch

Theiler'Napf Kräuter
Trockenkräuter und Sirup
www.napf-kraeuter.ch

Österreich

feeling
Onlineshop für ätherische Öle und Naturkosmetik
www.feeling.at

Tiroler Kräuterhof
Onlineshop für ätherische Öle und Naturkosmetik
www.tiroler-kraeuterhof.com

Naturkosmetik Werkstatt
Onlineshop, Geschäft, Seminare und Kurse
www.naturkosmetik-werkstatt.at

Hochbeete, Sitzbänke und Staketenzäune

Deutschland

Rollstuhlunterfahrbare Hochbeete
www.rollibeet.de

Hochbeete und unterfahrbare Hochbeete
www.weissenburger-werkstaetten.de

Hochbeete aus Holz und Metall
Gewächshäuser, Gartenmöbel
www.st-elisabeth-stiftung.de

Rollstuhlunterfahrbare Hochbeete
www.hochbeete-fischer.de

Hochbeet VegTrug
VegTrug, ein unterfahrbares Hochbeet
für Garten und Balkon
www.poetschke.de

Seniorengerechte Sitzbänke und Freiraummöbel
www.nordbahn-ggmbh.de

Nusser Stadtmöbel
Stadtmöbel und Seniorenbänke
www.stadtmoebel.de

Seniorenbänke
www.runge-bank.de

Ideen aus Wildholz
Pergola, Pavillon, Hochbeet, Bank um Baum
www.wildholz-ideen.de

Staketenzäune aus Kastanie
www.daslandleben.de

Schweiz

Burri Public Elements AG
Sitzbänke für Senioren
office-ch@burri.world

Hinnen Spielplatzgeräte AG
Sitzbänke für Senioren
www.bimbo.ch

Hortico
Hochbeete
www.hortico.ch

Kastanienzäune Bucher
Verkauf und Lieferung von Kastanienzäunen,
Staketenzäunen
www.kastanienzaeune-bucher.ch

hortima AG Baumschul- und
Gartenbaubedarf
Onlineshop für Sichtschutz und Zäune/
Staketenzäune
www.hortima.ch

Mobiles Hochbeet ‚Sana'
www.budliger-gartentherapie.ch

Österreich

Bauer Holz
Hochbeete aus Lärchenholz
www.bauer-holz.at

Hochbeet Hans
Onlineshop für Hochbeete, Pflanztröge,
Kräuterbeete aus Holz
www.hochbeet-hans.at

Ziegler
Sitzbänke für Senioren
www.ziegler-metall.at

Michael Fröschl
Holz im Garten / Staketenzäune, Kastanienzäune Verkauf und Zustellung
www.mfroeschl.at

Weidenflechtwerke

Deutschland

Hans Ender
Verkauf von Flechtmaterial
www.hans-ender.de

Freitag WeidenArt
Weidenprojekte und Vertrieb von Flechtmaterial
www.freitag-weidenart.com

Schweiz

Hydrosaat
Weiden im Garten- und Spielplatzbau
www.hydrosaat.ch

Flechtart
Weidenprojekte und Vertrieb
www.flechtart.ch

Flechtkurse und Flechtwerke

Deutschland

Monika Engelhard
www.flechtereien.de

Strandkorbfabrik
www.strandkorbfabrik-heringsdorf.de

Flechtwerkstatt Elke Hegmann
www.flechtwerkstatt-hegmann.de

Manufact gGmbH
www.manufact-ggmbh.de

Flechtmanufactur Katz
www.katz-flecht.de

Monika Nickel Stein
www.flechtwerk-gestaltung.de

Korbmacherei Sell
www.korbmacherei-sell.de

Bundesverband des deutschen Flechthandwerks
www.faszination-flechten.de

Netzwerk von KorbflechterInnen
www.flechtwerk-ev.de

Deutsches Korbmuseum
www.korbmuseum.de

Schweiz

Werkstatt für Flechtwerk Monika Künti
www.flechtwerk.ch

Korbflechtatelier Katrin Sigerist
www.korbflechterin.ch

Interessengemeinschaft Korbflechterei Schweiz
www.korbflechten.ch

Salix die Weidenplattform
www.salix.ch

Altes Handwerk
Plattform zur Förderung altes Handwerk
www.altes-handwerk.ch

Österreich

Blaurackenverein LEiV
Karl Lenz
www.blauracke.at/projekte/korbflechten

Die Stainzer Korbflechter
Leopold Riedrich
maria4010@gmx.at

Korbflechtergruppe Gniebing-Weißenbach
Josef Fink
fink95@gmx.at

Korbflechtergruppe Frutten-Gießelsdorf
Gertrud Weiss
gertrud.weiss@gmx.at

Weidengarten Cabana
Verkauf und Versand von Weidenruten und Weidenstangen
Flechtkurse und Objekte
info@weidengarten.at

Arge Naturschutz, gemeinnütziger Naturschutzverein
Projekt Kopfweiden
www.arge-naturschutz.at/
www.arge-naturschutz.at/projekte/pflanzen/kopfweiden/

Gartentherapie

Deutschland

IGGT
Internationale Gesellschaft Gartentherapie
www.iggt.eu

GGuT
Gesellschaft für Gartenbau und Therapie
www.ggut.org

Schweiz

SGGT
Schweizerische Gesellschaft für Gartentherapie und Gartenagogik
www.gartentherapie.ch

ZHAW Wädenswil – Life Sciences
Forschungsgruppe Grün und Gesundheit
www.zhaw.ch

Österreich

Hochschule für Agrar- und Umweltpädagogik
www.agrarumweltpaedagogik.ac.at

Literaturverzeichnis

Buber, M. (1995): Ich und Du. Reclam Verlag

Buijssen, H. & S. (2016): Die magische Welt von Alzheimer. Beltz Verlag

Chalfont, G. (2010): Naturgestützte Therapie. Verlag Hans Huber

Cohen-Mansfield, J. & Werner, P. (1998): The effects of an enhanced environment on nursing home residents who pace. Gerontologist 38(2): 199–208. https://doi.org/10.1093/geront/38.2.199. https://www.ncbi.nlm.nih.gov/pubmed/9573664

Coley, R. L., Kuo, F. E. & Sullivan, W. C. (1997): Where does community grow? The social context created by nature in urban public housing. Environment and Behavior 29: 468–494. https://experts.illinois.edu/en/publications/where-does-community-grow-the-social-context-created-by-nature-in

DIN 18040-1 Barrierefreies Bauen – Planungsgrundlagen – Teil 1: Öffentlich zugängliche Gebäude Ausgabe: 2010-10 https://nullbarriere.de/din18040-1.htm

dpa: https://www.focus.de/gesundheit/diverses/gesundheit-raus-an-die-frische-luft-fruehlingssonne-macht-gluecklich_aid_932421.html

Grzimek, G. und Stephan, R. (1983); Die Besitzergreifung des Rasens; Callwey Verlag

Jarrot, S. E. & Gigliotti, C. M. (2010): Comparing responses to horticultural-based and traditional activities in dementia care programs. Am J Alzheimers Dis Other Demen. 25 (8): 657–665. doi: 10.1177/1533317510385810. https://www.ncbi.nlm.nih.gov/pubmed/21131672

Jarrott, S. E., Kwack, H. R. & Relf, D. (2002): An Observational Assessment of a Dementia-specific Horticultural Therapy Program. HortTechnology 12 (3): 403–410. https://doi.org/10.21273/HORTTECH.12.3.403. http://horttech.ashspublications.org/content/12/3/403.abstract und https://pdfs.semanticscholar.org/ca88/c4f1ed1e13c971ec13e75762fee607bd4450.pdf

Kitwood, T. (2008): Demenz: Der person-zentrierte Ansatz im Umgang mit verwirrten Menschen. 5. Aufl. Verlag Hans Huber; 8. Auflage 2019, Hogrefe

Kreuer, U. (2013): Willkommen im Reich der Farben. Der Fachberater – Verbandszeitschrift des BDG, Nov. 2013, S. 28-33

Kreuer, U. (2018): Wegeführung und Leitsysteme. Barrierefreie Bau- und Wohnkonzepte. Kap. 5.2. Forum Verlag Herkert

Kreuer, U. (2019): Sicherheit und Orientierung. Barrierefreie Bau- und Wohnkonzepte. Kap. 5.6.2. Forum Verlag Herkert

Kreuer, U. (2018): Kosten und Fördermöglichkeiten von Freiflächen und Gärten; Barrierefreie Bau- und Wohnkonzepte. Kap. 2.9.2. Forum Verlag Herkert

Kuo, F. E., Sullivan, W. C., Levine, R. (1998): Fertile Ground for Community: Inner-City Neighborhood Common Spaces. American Journal of Community Psychology 26 (6): 823–851. http://citeseerx.ist.psu.edu/viewdoc/download?doi=10.1.1.465.1174&rep=rep1&type=pdf

Kweon, B.-S., Sullivan, W. C. & Wiley, A. R. (1998): Green Common Spaces and the Social Integration of Inner-City Older Adults. Environment and Behavior 30: 823–858. https://doi.org/10.1177%2F001391659803000605. https://journals.sagepub.com/doi/10.1177/001391659803000605

Maas, J., et al. (2009): Social contacts as a possible mechanism behind the relation between green space and health. Health Place 15(2): 586–595. doi: 10.1016/j.healthplace.2008.09.006 https://www.ncbi.nlm.nih.gov/pubmed/19022699

Margreiter, M. (2018): Frischzellenkur fürs Gehirn. Altenpflege Aktivieren, Vincentz Verlag 5.2018: 28–31

Michell-Auli, P. & Sowinski, C. (2013): Die 5. Generation: KDA-Quartiershäuser. 2. Aufl. KDA, Juliläumsreihe Zukunft gestalten – Ansätze für die Praxis, Bd. 6

Mooney, P. F. & Milstein, S. L. (1994): Assessing the benefits of a therapeutic horticulture program for seniors in intermediate care. In: Francis, M., Lindsey, P. & Jay Stone Rice, J. (ed.): The Healing Dimensions of People-Plant Relations. http://www.hort.vt.edu/HUMAN/Abstract%20Links/mooney-milstein94.htm

Pflanzenportrait Traubeneiche: https://www.hauenstein-rafz.ch/de/pflanzenwelt/pflanzenportrait/laubgehoelze/Traubeneiche-Quercus-petraea.php

Sckell, Friedrich Ludwig (1825): Beiträge zur bildenden Gartenkunst für angehende Gartenkünstler und Gartenliebhaber, Jos. Lindauer'sche Buchhandlung München

Schneider-Grauvogel, E. (2014): Die Biologische Wirkung des Lichts. In: Kaiser, G., Bauen für ältere Menschen. S. 135–138

Schneiter-Ulmann, R., et al. (2010): Lehrbuch Gartentherapie. Verlag Hans Huber.

Schutzgemeinschaft Deutscher Wald: Unser Wald-Knigge. https://www.sdw.de/waldwissen/verhalten-im-wald/waldknigge/waldknigge.html

Stangl, W. (2019): Geruch und Emotion. Werner Stangls Arbeitsblätter-News. https://arbeitsblaetter-news.stangl-taller.at/geruch-und-emotion/ (2019-04-27).

Ulrich, R. S. (1984: View through a window may influence recovery from surgery. Science 224: 420–421

von Braunschweig, R. & Werner, M. (2013): Lernkarten Aromatherapie. Haug Verlag

Wabner, D. & Theierl, S. (2016): Klinikhandbuch Aromatherapie: Pflege – Therapie – Prävention; Verlag Systemische Medizin

Wabner, D., et al. (2011): Aromatherapie Grundlage – Wirkprinzipien – Praxis; Urban & Fischer Verlag/Elsevier

Zegelin, A. (2013): «Festgenagelt sein»: Der Prozess des Bettlägerigwerdens. 2. Aufl. Verlag Hans Huber

Zeh, K. (2005): Handbuch ätherische Öle. Joy-Verlag

Bildnachweis

Ulrike Kreuer
Umschlagfoto vorne oben
Fotos auf den Seiten 12, 21,23, 28, 31, 36, 45, 52, 70, 79, 82, 84, 88, 92, 105, 107, 108, 114, 119, 136, 141, 144, 150-151

Dieter Gaissmayer
Umschlagfoto vorne unten
Fotos auf den Seiten 13, 16, 17, 26, 42, 50, 60, 62, 77, 90, 94, 120

Carlos Stemmerich
Fotos auf den Seiten 69, 91, 139

Antonia-Marie Lange
Fotos auf den Seiten 64, 72

Heinz Casper Bethanien e.V.
Umschlagfoto hinten
Fotos auf den Seiten 145, 146, 148

©ldprod/stock.adobe.com
Foto auf den Seiten 8/9

Westend61/Harald Walker/Arco Images
Foto auf der Seite 11

Seraph/photocase.de
Foto auf der Seite 35

RapidEye/iStockphoto.com
Foto auf der Seite 142

Rendel Freude
Portraitfoto auf der Seite 192

© Rendel Freude

Ulrike Kreuer ist Gartenbauingenieurin und Gartentherapeutin, gelernte Gärtnerin für Obstbau, Ausbildnerin im Garten und Landschaftsbau sowie Gartenplanerin und Projektentwicklerin. Seit 2003 ist sie spezialisiert auf die Planung und Entwicklung von therapeutisch wirksamen Gärten für Seniorinnen und Senioren und Inhaberin des Unternehmens «Der dritte Frühling – Gärten für Menschen mit Demenz».

Neben der projektbezogenen Arbeit ist sie Referentin für gartentherapeutische Weiterbildungen und sie leitet Workshops und Schulungen für Mitarbeitende und Führungskräfte in Altenhilfeeinrichtungen.

Umschlagabbildungen: vorne: © Ulrike Kreuer (oben), © Dieter Gaissmayer (unten); hinten: © Heinz Casper

Der Haupt Verlag wird vom Bundesamt für Kultur mit einem Strukturbeitrag für die Jahre 2016–2020 unterstützt.

1. Auflage: 2020

Diese Publikation ist in der Deutschen Nationalbibliografie verzeichnet. Mehr Informationen dazu finden Sie unter http://dnb.dnb.de

ISBN 978-3-258-08188-5

Gedruckt in Deutschland

Gestaltung und Satz: Die Werkstatt Medien-Produktion GmbH, D-Göttingen
Umschlaggestaltung: pooldesign, CH-Zürich

Lektorat: Claudia Huber, D-Erfurt
Fotografien: Ulrike Kreuer, wenn nicht anders angegeben.
Illustrationen: Gabriele Jung, D-Much